教育部人文社会科学项目（17YJC630187）

黑龙江省哲学社会科学研究规划项目（21YJB145）

Evolution Mechanism

PERFORMANCE MEASUREMENT

and Policy Regulation of
Regional Sci-tech Financial Network

区域科技金融网络演化
机理、绩效测度与政策调控

徐玉莲　宋超臣　◎著

中国财经出版传媒集团

经济科学出版社
Economic Science Press

·北京·

图书在版编目（CIP）数据

区域科技金融网络演化机理、绩效测度与政策调控/
徐玉莲，宋超臣著 . -- 北京：经济科学出版社，2024.4
ISBN 978 - 7 - 5218 - 5488 - 6

Ⅰ. ①区…　Ⅱ. ①徐…②宋…　Ⅲ. ①科学技术 - 金
融网络 - 研究 - 中国　Ⅳ. ①F832

中国国家版本馆 CIP 数据核字（2024）第 004571 号

责任编辑：周国强
责任校对：徐　昕
责任印制：张佳裕

区域科技金融网络演化机理、绩效测度与政策调控
QUYU KEJI JINRONG WANGLUO YANHUA JILI, JIXIAO
CEDU YU ZHENGCE TIAOKONG

徐玉莲　宋超臣　著
经济科学出版社出版、发行　新华书店经销
社址：北京市海淀区阜成路甲 28 号　邮编：100142
总编部电话：010 - 88191217　发行部电话：010 - 88191522
网址：www. esp. com. cn
电子邮箱：esp@ esp. com. cn
天猫网店：经济科学出版社旗舰店
网址：http://jjkxcbs. tmall. com
固安华明印业有限公司印装
710 × 1000　16 开　9.5 印张　160000 字
2024 年 4 月第 1 版　2024 年 4 月第 1 次印刷
ISBN 978 - 7 - 5218 - 5488 - 6　定价：56.00 元

当前我国的产业结构正处于转型升级阶段，科技创新作为推动产业结构改革的引擎，是推动经济发展的第一动力。金融资本作为企业创新进程中最为关键的核心要素，对企业创新成功与否发挥着至关重要的作用。"十四五"规划明确提出把科技自立自强作为国家发展的战略支撑，鼓励金融机构发展多样化科技金融产品，促进企业技术创新能力提升。科技金融的有效配置在我国科技创新进程中的作用日益凸显，已经引起各级政府、专家学者、企业等各方的高度重视。科技金融与科技创新关系日益密切，合作主体关系越来越显现出"多元、融合、动态、持续"的特征。随着合作模式从线性向网络化模式转变，区域科技金融网络已经成为区域经济和创新演化的新形态。科技金融与科技创新以及其他主体之间的网络化关系可以更快捷地实现资金的高效配置，推动资源的聚集与更新。但是，学者们对于区域科技金融网络的研究才刚刚起步，我国区域科技金融网络的发展仍然处在摸索阶段。揭示区域科技金融网络形成与演化机理，研究促进区域科技金融网络优化升级的政府管理思路与方法，具有重要理论与应用价值。

本书在对国内外科技型企业融资、科技金融体系、科技投融资政策、复杂网络应用等方面相关研究成果归纳与梳理的基础上，开展了以下五方面的研究内容。第一，界定区域科技金融网络的内涵与特性，构建基于商业银行、风险投资机构与科技型企业为科技金融网络核心的三方演化博弈模型，揭示区域科技金融网络形成机理。进一步分析区域科技金融网络演化机理，提出网络演化阶段及特征。第二，提出区域科技金融网络绩效的内涵，建立基于网络规模、网络节点绩效、网络关系质量与网络外部信息环境四个维度的区域科技金融网络绩效评价指标体系。运用模糊层次分析法确定指标权重，并提出模糊绩效评价方法。第三，确定区域科技金融网络演化的政策总目标与具体目标，分析具体政策工具，提出政策作用路径框架，并从财政直接投入、税收优惠、信息共享三方面分析公共政策对区域科技金融网络升级的作用机理。第四，采用多 Agent 仿真建模方法，设计区域科技金融网络升级的政策仿真模型，分析不同政策工具对网络特征度量指标的影响，确定网络不同演化阶段政策工具的最优组合。第五，以黑龙江省为研究对象，运用社会网络方法分析黑龙江省科技金融网络演化与网络结构特征，测度黑龙江省科技金融网络绩效，判定网络的发展阶段，并提出促进黑龙江省科技金融网络升级的政策建议。

本书在教育部人文社会科学研究项目"区域科技金融网络演化机理、绩效测度与政策调整"（17YJC630187）、黑龙江省社会科学研究规划项目"基于区块链的黑龙江省科技金融网络升级路径及政策选择研究"（21YJB145）的资助下，建立起一套比较完整的区域科技金融网络演化机理、绩效测度与政策调控的理论和方法框架。全书由徐玉莲负责总体设计和统稿，徐玉莲撰写第一章、第二章、第四章、第五章和第六章，宋超臣撰写第三章，研究生于浪和张思琦进行了大量资料收集与数据统计工作。本书撰写过程中得到了黑龙江省科学技术厅高新技术发展及产业化处、政策法规处等科室领导的实证研究资料支持，并为黑龙江省科技金融网络升级提出了切实可行的对策建议，龙江学者、博士生导师王宏起教授为本书总体设计与最终完善提供了中肯的修改意见，在此一并表示衷心感谢。

区域科技金融网络是一项复杂的系统工程，由于笔者水平有限，书中难免存在一些疏漏或不足之处，敬请广大读者批评与指正，以便进一步完善。

作　者

2023 年 8 月

目　录

第一章

导 论

第一节 研究背景

中兴、华为被美国制裁事件与当前中美贸易摩擦等充分表明国家实施科技创新战略的正确性与前瞻性，为避免"修昔底德陷阱"，中国科技型企业必须加大创新力度，掌握核心技术，才能在激烈的市场竞争中立于不败之地。同时，受新冠疫情的影响，全球经济社会发展受到了巨大的冲击，迫切需要依靠科技的自立自强来保障我国的产业链安全，增强应对国际风险挑战的能力。在《中共中央关于制定国民经济和社会发展第十四个五年规划和二〇三五年远景目标的建议》中，将科技创新工作摆在了各项重大任务的首位，强调要坚持创新在我国现代化建设全局中的核心地位，把科技自立自强作为国家发展的战略支撑。作为引导和支持科技创新的关键要素——金融资本，在科技创新过程中的作用尤为突出，对企业创新成功与否发挥至关重要作用。没有金融资本的支持，科技创新如"无源之水，无本之木"，难以成为推动国家（地区）经济增长的引擎。

自 2006 年国务院推出《实施〈国家中长期科学和技术发展规划纲要（2006—2020 年）〉的若干配套政策》以来，推进科技金融体系建设工作提升到了前所未有的重视程度。科技部会同财政部、中国人民银行、中国银监会、中国证监会等共同出台制定了《关于促进科技和金融结合加快实施自主创新战略的若干意见》《国家科技成果转化引导基金设立创业投资子基金管理暂行办法》等科技金融政策文件，并确立基于各部委联席机制的"国家科技金融战略"整体框架。在国家层面政策的引导下，广东、江苏等各省政府纷纷制定区域科技金融发展规划，探索建立新型科技金融合作机制与模式，科技金融得以快速发展。"十三五"以来国家大力推进"大众创业、万众创新"，伴随着科技型中小微企业几何式增长，如何破解其融资瓶颈难题，对区域科技金融体系的融资服务功能提出了新的挑战。科技创新与科技金融的协同发展是如今研究热点，但在投融资过程中各参与主体的关联性不够紧密，区域科技创新与科技金融互动式增长效果亟须增强。故进一步对区域科技金融网络化研究必将是未来的趋势。区域科技金融网络培育有利于科技创新与科技金融协同发展，网络规模的扩张及节点关系的优化可以更高效地实现网络中资金的合理配置和区域创新能力的提升。政府的公共政策在区域科技金融网络发展过程中发挥重要作用，如何科学制定多元化的政策促进区域科技金融网络优化升级是一项亟待解决的重要工作。

第二节　研究目的及意义

一、研究目的

科技创新融资与科技金融投资作为同一过程的两个方面，科技型企业、科技金融机构以及政府部门等相关主体基于资金流构成了复杂作用的网络关系——科技金融网络，网络中不仅仅是资金从投资者到需求者手中，科技型企业尤其是中小微企业获取资金的成本、时间等均应纳入需要考察的内容，科技金融机构在政府引导下的投资意愿如何、效益与风险如何，是科技金融网络良性可持续发展的重要保证。从网络的研究视角更有利于系统地探究参与主体的决策机制以及整体涌现性。本书以区域科技金融网络演化为研究主线，揭示区域科技金融网络形成与演化机理，构建区域科技金融网络绩效评价体系，进一步以网络升级为政策目标，深入探究区域科技金融网络演化过程中的政策作用机理，并通过多 Agent 仿真建模方法设计政策仿真模型，得出促进区域科技金融网络向更高级升级的有效政策工具组合，为政府公共政策制定与调整提供决策参考。根据以上研究，以黑龙江省为例，全面分析科技金融网络的发展情况，判断其演化阶段，并评价其整体绩效，提出黑龙江省科技金融网络优化升级的最优政策组合调控方案。

二、研究意义

基于复杂网络视角，对区域科技金融网络构建的研究具有重要理论意义，界定基于资金流的区域科技金融复杂网络，将科技创新融资过程、科技金融投资过程与外围相关主体参与过程纳入统一研究框架，研究区域科技金融网络的形成演化机理并对其绩效进行测量，是科技创新与科技金融协同发展理论研究的深化。区域科技金融网络演化与政策仿真具有重要实践意义，采用关系元 Agent 的复杂社会网络建模方法，基于区域科技金融网络的所处演化阶段与网络绩效的评判结果，提出政策调控框架与具体措施，构建区域科技金融网络的政策仿真模型，模拟不同政策工具及其交叉作用对网络节点的作用效果及网络整体演化的影响，进而提出黑龙江省科技金融网络优化升级的最优政策组合调控方案，有利于实现黑龙江省科技金融网络的持续快速发展。

第三节　国内外研究现状

围绕科技创新活动的投融资过程是国内外研究的热点问题，与本书主题相关的研究主要包括以下几个方面：科技型企业融资、科技金融相关研究、科技投融资相关政策以及网络思想在创新与金融领域的应用等。

一、科技型企业融资

（一）科技型企业融资的困境

学者们从内部因素与外部因素两个角度展开。内部因素方面，一些学者们认为科技型企业自身规模、融资成本及其内部管理不规范等一些内部的原因造成科技型企业尤其是科技型中小企业研发投入面临严峻的融资缺口。莱文（Levine，2004）认为融资约束与企业规模成反比关系，交易成本和信息不对称推动不同规模企业融资渠道发生变化，并由此产生了金融摩擦和代理问题。霍尔（Hall，2002）认为创新型企业的资本成本高昂，使其一直陷在"资金缺口"沼泽之中。刘达峰（2020）发现科技型企业自身缺少科学有效的管理制度造成其融资困难。赵玉平、孟繁博和马一菲（2020）认为在科技型中小企业成长问题上，规模劣势和信用缺失是其融资难的主要原因。外部因素方面，里安等（Ryan et al.，2009）发现在银行依赖度较高的金融体系中，银行市场力量对科技型企业融资约束的影响会增强。杨云峰和樊丰（2013）发现科技型中小企业由于股票市场门槛高而难以发行股票，信用评级缺失使得债券发行难度大、申请银行贷款也较为困难。马秋君（2013）认为科技型中小企业融资难的原因与企业对政策了解不够深入、商业银行对科技型中小企业重视不够、国内资本市场发展不成熟、中介服务水平有待提高和政府作用未发挥到位等有关。吉野和法尔哈德（Yoshino & Farhad，2014）发现科技型中小企业融资行为可能受到银行和信贷配给政策的限制。戈德克和麦卡赫瑞（Godke & McCahery，2019）认为信息不对称与商业信贷风险内部化是科技型中小企业融资缺口主要原因。万红波和方博轩（2020）认为政府扶持力度有限使得科技型企业难以获得发展所需的资金。

（二）科技型企业的融资方式

大多数学者一致认为内源融资是企业研发投入的主要来源。霍尔和勒纳（Hall & Lerner，2010）认为大型企业更喜欢内部资金的融资方式来确保企业发展和创新活动的进行。德克和汉纳（Dirk & Hanna 2011）认为由于结果的不确定性、信息的不对称性等原因，企业从外部为研发活动融资的成本较高，因此，企业更愿意利用内部可用的资金来开展研发投资。钱燕、段姝和张林郁（2019）在对科技型企业的融资结构和创新效率间的关系进行实证检验后发现，内源融资对科技型企业创新效率存在显著的促进作用。乔建伟（2020）以我国创业板企业 2010～2018 年数据为研究对象进行实证分析，发现相比外源融资决策，创业板企业采取内源融资决策更易促进企业创新绩效增长。法蒂勒和圣皮埃尔（Fadil & St-Pierre，2021）研究发现，内源融资对中小企业的成长来说是最有利的融资方式，债券融资和股权融资作用有限。

科技型企业外源融资方式包括股票市场融资、风险投资股权融资、债权融资、互联网融资等。第一，关于股票市场对创新的作用方面，大多数的学者认为股票市场融资对科技型企业研发活动具有促进作用。布朗等（Brown et al.，2012）利用欧洲公司的数据研究发现，股票市场的发展在缓解公司研发投资面临的融资约束中具有重要作用。徐玉莲和王玉冬（2015）研究创业板推出对企业融资约束与研发强度的影响，研究发现：与上市前相比，企业登陆创业板之后，融资约束有所缓解，企业融资约束程度与研发投入强度正相关。刘培森和李后建（2016）基于中国工业企业数据的实证研究表明，股票市场显著正向影响企业创新参与和创新规模。胡妍、陈辉和杜晓颖（2020）以在新三板挂牌的中小微企业作为研究样本实证检验显示，股票流动性对中小微企业创新投入具有显著的促进作用。第二，关于风险投资对创新的作用方面，研究结论存在分歧。赫尔曼和普利（Hellmann & Puri，2000）基于对美国硅谷 173 家高新技术企业的实证研究发现，风险投资能够缩短企业产品推向市场的时间，并显著提高其上市可能性。诺卡尔特和万纳卡（Knockaert & Vanacker，2013）基于欧洲早期高科技风险投资家组成的分层样本进行研究，发现风险投资者能有效地为投资组合公司增加价值。部分学者持否定观点，巴尔托洛尼（Bartoloni，2013）认为在欧洲，风险投资融资方式并非推动企业创新决定性因素。而吴涛和赵增耀（2017）指出，风险投资对企业创新产出无显著影响。随后，学者又根据企业不同生命周期阶段分析风险投资对企业创新的影响，耿宇宁等（2020）认为风险投资为处于初创期和成长期的中小科企提供权益资本，并为其提供经营管理服务和战略咨询服务，能够有效破解企业融资难题和管理难题，促进企业创新产出。但风险投资的最终目的是通过退出实现资本增值，因此随着企业步入成熟期，风险投资退出企业的概率提高，此时风险投资对创新产出的影响减弱。第三，关于债权融资与企业研发活动关系的研究争论就较多，吕长江和王克敏（2002）通过实证研究发现：上市公司的资产负债率与公司绩效、公司规模及公司的成长性存在着显著的正相关关系。本弗拉特洛等（Benfratello et al.，2008）基于意大利小微企业的实证研究表明，银行贷款能够降低企业开展研发活动时固定资产投入的现金敏感度，进而显著促进企业创新。鲍静海和张会玲（2010）认为，在外部融资中，科技型企业股权融资比例偏低，主要依赖债权融资，尤其是商业信用。欧阳澍、陈晓红和韩文强（2011）认为公司的融资结构与成长性显著负相关，公司创新活动不适合采用债务融资。阿利普尔等（Alipour et al.，2015）对债务融资观点较为中性，认为平衡财务破产成本之间杠杆收益才是核心问题。孙早和肖利平（2016）认为债权融资对企业自主创新具有抑制作用。李瑞晶、李媛媛和金浩（2017）基于上市中小企业数据的实证研究表明，银行存在"大企业偏好"现象，导致银行贷款未能促进中小企业创新能力提升。杨帆和王满仓（2021）的研究结果表明债权融资及债股比通过研发投入抑制了创新产出，表现出了部分中介效应，其中高技术企业更不善于利用债权融资进行创新。

如今，互联网融资也是较为适合中小企业的融资方式之一。伊桑（Ethan，2014）通过研究发现，中小企业会采取互联网众筹方式募集发展所需资金，并将所募资金应用于创新活动中，加快新技术及新产品的研发进程，增强对外部投资者的吸引力，降低外部融资难度。刘俊棋（2014）对互联网金融的 P2P 融资模式、大数据金融模式、众筹融资模式和信息化金融机构四种融资模式比较分析后，发现众筹融资模式是最适合科技型中小企业融资需要的，同时建议大胆尝试"网络联保融资＋担保"的新型融资模式。陈敏（2018）针对企业在利用互联网金融融资过程中所存在的各种问题，研究了互联网金融模式下企业融资问题及对策，从多层面入手构建完善的互联网金融融资管理体系。叶莉、朱煜晟和沈悦（2020）从银行间接融资和互联网融资的角度出发，将政府、商业银行和电商平台三者融合，通过构建泛融资模式拓宽企业融资渠道，进而实现科技型小微企业融资渠道支持效应的安全化和最大化。

（三）科技型企业融资的影响因素

为进一步破解科技型企业融资困境的难题，学者们从融资影响因素角度研究其与企业融资能力的关系。其中学者们对公司规模与企业融资能力呈正相关这一观点较为一致，但就营运能力、盈利能力及公司成长性这三种影响因素与企业融资能力之间的关系产生分歧。

吴建刚和梁辰希（2013）从企业内部、外部因素的角度考虑其对企业融资的影响，实证研究结果表明，劳动力成本、经济案件执行力、法规健全性评价和当地治安评价与企业融资呈正相关，政府补贴与企业融资呈负相关。刘洋、王尚威和陈梦莹（2015）通过运用因子分析和 Logistic 回归模型发现政府政策法规、技术创新能力、管理层能力是影响科技型中小企业融资的三大主要因素。梁靓和张英明（2016）选取我国深市 A 股中小板块上市的科技型中小企业进行研究，结果发现：无形资产占比相对于固定资产占比而言，更能影响科技型中小企业的融资能力；公司规模的提升能显著，提升科技型中小企业的融资能力，而公司成长性的作用并不显著；营运能力、盈利能力、内部积累水平以及速动比率都与科技型中小企业的融资水平呈现负相关关系。朱明君（2017）通过多元线性回归的方法，对科技型中小企业融资的影响因素进行回归分析及显著性检验。结果表明：企业规模、企业成长性、有形资产比率、股权流通性均与企业的融资呈正相关的关系；盈利能力、内部积累水平、非债务避税、偿债能力呈负相关的关系。任乐和李佳垚（2020）通过构建固定效应回归模型，对科技型中小企业融资能力影响因素进行实证分析。研究发现，企业规模、企业营运能力和资产抵押能力与中小科技企业融资能力显著正相关，企业盈利能力、内部积累水平和流动性资产能力与中小科技企业融资能力显著负相关。

二、科技金融相关研究

（一）科技金融的概念

"科技金融"是我国科技体制改革与金融体制改革实践中提出的词汇，在国外文献中鲜有提及，国外学者主要从金融与科技融合角度来研究相关问题。圣－保罗（Saint-Paul，1992）指出完善的金融市场可以帮助科技创新提供资金支持，并通过多元化投资来分散高风险。较高的金融发展水平可以促进创新与经济增长得到了广大学者的一致认可。金和莱文（King & Levine，1993）构建金融发展微观、宏观效应的内生增长模型，采用跨国数据实证分析后发现，金融通过提高储蓄率，同时鼓励技术创新，两者结合能够有效促进资本积累与经济增长，强调金融应着重服务实体经济发展作用。克尔和南达（Kerr & Nanda，2015）研究金融市场发展对技术创新的影响，通过股票市场和信用市场发展对技术创新的影响来确定经济机制。

1993 年深圳科技局第一次把"科技与金融"缩写为"科技金融"。国内学者赵昌文（2009）将科技金融定义为：促进科技开发、成果转化和高新技术产业发展的一系列金融工具、金融制度、金融政策与金融服务的系统性、创新性安排，是由为科学和技术创新活动提供金融资源的政府、企业、市场、社会中介机构等各种主体及其在科技创新融资过程中的行为活动共同组成的一个体系，是国家科技创新体系和金融体系重要组成部分，且于 1994 年在中国科技金融促进会首届理事会上正式采纳"科技金融"一词。房汉廷（2010）的研究，在总结已有理论研究及科技金融试点经验的基础上，将科技创新活动与金融创新活动的深度融合界定为"科技金融",并认为科技金融工作首先是科技工作的重要组成部分,而落脚点则是由科技创新活动引发的一系列金融创新行为。汪泉和史先诚(2013)从功能、范畴、主体和客体四个方面对科技金融的定义做了归纳提炼,该研究认为以促进科技创新活动为目的,以组织运用金融资本和社会资本投入科技型企业为核心,以定向性、融资性、市场性和商业可持续性为特点的金融活动总称。房汉廷(2015)基于以往的研究成果,对科技金融定义进行了更深入的探讨,他认为科技金融本质是由技术、创新和企业家要素聚合的一种新经济范式,改变依靠劳动、普通资本和掠夺资源的经济发展方式,旨在培育高价值产业、创造就业机会,提升经济核心竞争力,向创新型强国迈进。李喜梅和邹克(2018)在梳理总结我国科技金融发展的基础上,从宏观、中观和微观的层面拓展其内涵。宏观层面科技金融与国家战略发展政策相结合,重视科技金融发展;中观层面要加快科技金融进入高新技术产业的发展,形成科技产业金融;微观层面要鼓励市场创新金融产品与服务,灵活支持科技的横向拓展与应用。

(二)科技金融体系

对于科技金融体系的研究,我国学者主要从科技金融资金来源结构、科技金融体系的构成、科技金融体系主导机制等方面展开研究。

首先,为科技金融资金来源结构,其体现了科技金融资本体系的构成,主要包括来自企业自身的内部资金和来自政府或金融市场中的外部资金。内部资金积累是企业科技创新的重要资金来源,企业科技创新的外部资金来源主要包括政府、金融中介、金融市场和风险投资机构等。关于不同渠道资金来源之间的相互作用受到学者关注,帕瑞达和厄特奎斯特(Parida & Örtqvist,2015)研究发现,当不同来源资本同时对科技创新进行支持时,它们之间可能存在相互排斥的效果,即金融投入多,科技创新产出却不一定越高。朱平芳和徐伟民(2003)研究发现,政府的科技拨款资助和税收减免这两个政策工具对大中型工业企业增加自筹的研发投入都具有积极效果,并且政府的拨款资助越稳定效果越好。张玉喜和赵丽丽(2015)经研究发现,短期内科技金融投入对我国科技创新有着显著的支持作用，二者呈正相关关系，其中政府财政科技投入、企业自有资金和社会资本的影响较大，而金融市场相关投入的影响程度较低。

其次，为科技金融体系的构成。目前关于科技金融体系构成的研究主要从内容结构和参与主体两个方面展开。在内容结构方面，主要包括对科技金融主体之间的关系、资金来源渠道等不同角度的研究。针对科技金融体系的参与主体及其发挥的作用，赵昌文和陈春发（2009）指出，科技金融体系的参与主体主要由科技金融需求主体、科技金融供给主体、科技金融中介机构和政府组成。需求方包括高新技术企业、科研机构等事业型单位、个人和政府，供给方包括科技金融机构、政府和个人。政府是科技金融体系的特殊参与主体，既是需求方、供给方，也是中介机构，同时是科技金融市场的引导者和调控者。徐玉莲和王宏起（2012）将科技金融体系分为公共科技金融体系和市场科技金融体系，二者资金来源及投资管理机制存在差异。孙伍琴（2014）指出我国已经形成了包括财政直接（间接）投入、科技金融和综合性政策在内的科技投融资体系。

在科技金融体系的主导机制层面，目前从理论角度对该问题的观点大致有两类。一是认为应当以市场为主导，其在效率、透明度和独立性方面的优势更能促进科技金融体系的运作。例如，李心丹和束兰根（2013）提出，政府的主要功能是通过制定政策引导和推动社会金融资源的投向，最终会通过某种退出机制来实现科技金融的市场化运作。二是与之相对的另一种观点，格里利和木尔提诺（Grilli & Murtinu，2014）认为政府在战略性、导向性和可行性方面有其独特的优势，应当以政府为主导或市场与政府相结合。孙伍琴（2014）指出科技投融资本质上是市场行为，应由专业化市场主体依靠市场机制，但由于存在信息不对称、基础研究的公共品属性等导致市场失灵或市场残缺，因此需要政府机制的调控和社会机制的辅助。徐玉莲和王玉冬（2020）认为，应结合科技金融体系发展所处的不同阶段，实施从政府主导到市场主导的发展路径。

（三）科技金融网络理论框架

部分学者立足于网络视角对科技金融展开研究，李乐和毛道维（2012）构建了"科技–金融"网络理论框架，认为政府信用嵌入金融交易结构可以促进科技创新网络与金融网络的连接。毛友佳和毛道维（2012）发现，将政府财政资金直接嵌入"金融交易结构"中能够促进企业与金融机构连接。马丽仪和杨宜（2015）提出了科技金融网络的内涵和科技金融网络系统研究框架的构想，分析了科技金融网络的结构及其特征。吴悦平和杨宜（2016）将科技型企业嵌入科技金融网络，研究科技金融网络对科技型企业成长与创新的作用机理。于浪（2019）基于创新网络、联盟网络等，总结出区域科技金融网络的定义，与其他网络不同，资金流动是科技金融网络区别于其他网络的核心特征。徐玉莲和于浪（2020）对区域科技金融网络演化机理进行了分析，并划分出了网络的演化阶段及网络特征。李媛媛、陈文静和刘思羽（2020）基于资金流、信息流构建了科技金融网络，分析了网络的演化特征，并运用 Netlogo 软件从政府视角切入，探究了政府补贴在科技金融网络演化中发挥的作用。综上所述，科技金融网络是社会网络分析方法对科技金融系统进行研究的一个新范畴，具备复杂巨系统和复杂网络特征，其构成的要素众多，相互关系十分繁杂，具有广阔的研究探索空间。

三、科技投融资相关政策

科技投融资政策主要围绕政府研发补贴政策、银行贷款政策、风险投资激励政策等方面展开研究。

（一）政府研发补贴政策

众所周知，政府研发补贴政策能够直接给企业带来直接的现金收益，除此之外，克列尔（Kleer，2010）指出政府支持在一定程度上具有信号显示的作用，获得政府支持本身就意味着是对企业的一种认可，有利于吸引更多的外部私人投资。康志勇（2013）也发现政府支持对企业研发具有激励效应，并在一定程度上可以缓解融资约束对企业研发的抑制效应。傅利平和李小静（2014）通过对 2009～2012 年战略性新兴产业上市公司进行实证研究，得出以下结论：政府补贴在企业创新过程中起到明显的信号传递效应，该信号有助于债务融资和风险投资的增加，缓解融资约束。朱治理、温军和赵建兵（2016）认为政府研发补贴有助于缓解潜在投资者与企业之间的信息不对称，对社会投资者（特别是银行贷款）产生信号传递效应，较之银行长期贷款，政府研发补贴对银行短期贷款的信号传递效应更强。王雪原、王玉冬和徐玉莲（2017）指出在高新技术企业初创期，政府财政补贴对企业创新绩效具有关键性作用。康缇（Conti，2018）认为政府研发补贴有利于缓解初创企业的资金流动性困境，并有利于企业获得外部融资，但政府对补贴企业的限制可能会削弱其有效性。温桂荣和黄纪强（2020）以高新技术产业为研究对象，选取 2001～2018 年我国上市公司的财务数据，研究发现：政府补贴有利于促进企业研发投入，进而提升高新技术产业的研发创新能力。韩纪琴和余雨奇（2021）采用多元线性回归模型研究了政策补贴、研发投入与新能源企业创新绩效之间的互相影响。研究结果表明，政策补贴对企业研发投入有正向影响，且随着产业链从上、中、下游效果不断增加。

（二）银行贷款政策

银行是科技型企业融资的重要融资渠道之一，为企业提供资金。在国外，多数学者将研究方向指向开发性金融机构的作用。在新兴经济体国家，开发性金融机构是政策性金融机构的深化和发展，包括世界银行、亚洲开发银行等知名金融机构。穆林德和卡利萨（Murinde & Kariisa，1997）指出，开发性金融机构积极参与项目的开发和提供设施来支持本国内企业和信息技术部门的技术开发。乔治和普拉布（George & Prabhu，2000）发现开发性金融机构的参与同样向市场传递了项目质量和借贷信誉的信号，这种信号可以帮助企业吸引外国的战略联盟、私人投资者，改善企业的前景和企业公开交易权益资本的评估价值。本杰明和鲁宾（Benjamin & Rubin，2003）认为开发性金融机构的融资决策会优先选择可自主研发的国家重点产业项目，还会向优秀技术领域提供有吸引力的融资机会和相关支持。国内学者一方面总结国外开发性金融机构的具体做法，另一方面聚焦知识产权质押贷款的政策导向。王全义（2014）指出德国政府专门成立了促进中小企业融资的政策性金融机构——德国复兴信贷银行（KFM），其主要任务是为中小企业在国内外投资项目提供优惠的长期信贷。由于德国政府提供低息资金给这些金融机构，因此它们为中小企业提供的贷款大多是低息、长期的贷款，其贷款利率低于市场利率。朱泯静（2019）发现开发性金融可以通过平台建设机制、组织增信机制和风险分担机制来有效降低民营企业融资过程中存在的交易成本、违约风险和违约损失，从而极大缓解民营企业的融资困境。尹亭和王学武（2016）提出，在全球科创中心建设的背景下，知识产权质押贷款可以成为政府推动创新经济的类政策传导工具，政府部门作为知识产权基础信息提供者，工作的重点包括优化信息环境、提供基础信息和提供必要的信用增强安排等。王洪亮（2021）通过对比分析美联储"主街贷款计划"（MSLP）和我国央行推出的"普惠小微企业信用贷款支持计划"（CLSP），结合科创企业知识产权质押融资业务的特征，提出创设直达科创企业的货币工具"科创企业知识产权质押贷款支持计划"（PLSP），提升商业银行科创贷款的投放意愿并精准投放贷款。

（三）风险投资激励政策

风险投资是企业不可或缺的融资渠道之一，为处于种子期和初创期企业提供重要生命资金，由于该阶段企业风险极高，为促进风险投资发展，学者们研究税收优惠、引导基金等对风险投资行业的影响。布兰德等（Brander et al.，2010）发现，税收优惠政策对风险投资的发展产生重大的正向促进作用。邵同尧（2011）研究结果表明，除税收激励政策外，政府引导基金政策也可促进风险投资的发展。同样，杨大楷和李丹丹（2012）也得出税收激励政策对处于不同生命早期阶段的风险投资业产生的效果不同：税收激励政策对风险投资业的发展有积极影响，但并不明显，尤其是种子期、初创期受到的激励效果极其微弱。同时也发现，不同类型的财税政策工具对风险投资发展的促进效果存在差异，例如引导基金政策则会抑制了风险投资的发展。包建（2019）认为税收优惠对创新具有较强的引导作用，当前税收优惠政策的着力点应该放到风险投资和科技成果转化两个环节。欧文和梅森（Owen & Mason，2019）考察了税收政策调整对风险投资供给的影响，研究表明，风险投资发展初期，降低投资收益税对风险资金供给量有明显的刺激作用，但在风险投资业趋于成熟后，政府税收政策的刺激作用将大大减弱。

四、网络思想在创新与金融领域的应用

网络思想在创新领域的应用主要为区域科技创新网络、联盟网络与知识网络；网络思想在金融领域的应用主要为风险投资网络。

（一）区域科技创新网络

学者们从理论层面对创新网络进行探讨，并实证分析其对创新的作用效果。弗里曼（Freeman，1991）提出区域创新网络，是应对系统性创新的制度安排，主要表现为企业间的合作关系。丁云龙（2004）论证了创新网络的作用，指出创新网络作为一个内含技术网络、社会网络和交易网络的"三网"集成体，为风险投资提供了一个有效运行的场域。吕国庆、曾刚和顾娜娜（2014）通过对国内外经济地理学者文献的梳理，从创新网络的结构、邻近性、网络演化三个方面对区域创新网络的研究进行了介绍。此外，创新网络多用于企业层面的研究中，派克（Pyke，1990）刻画了"第三意大利"企业集群的供求网络和网络形态的演化，展示了基于知识溢出和集体学习的中小企业集群的重要性。查米纳德和米勒切洛（Chaminade & Plechero，2015）对ICT产业全球技术转移网络进行研究发现，行业内的旗舰企业趋向于在全球范围内寻求创新合作对象，与全球的高校、科研机构建立更密集的创新合作网络。刘学元、丁雯婧和赵先德（2016）发现创新网络关系强度对企业创新绩效存在显著的正向影响。周灿、曹贤忠和曾刚（2019）综合运用区位熵与

社会网络分析，探讨创新网络空间组织演化规律。赛昆多等（Secundo et al.，2019）研究知识转移绩效对产业创新网络的影响，实证分析了创新网络特征、组织距离、知识转移特征和知识接受者特征对知识转移绩效的影响，验证了概念模型提出的假设。创新网络的运用也多与城市群相结合，徐宜青、曾刚和王秋玉（2018）通过分析长三角城市群创新网络节点特征及其变化，探究长三角城市群创新协同发展过程及其机理。胡悦、马静、李雪燕（2020）认为创新网络是提高区域创新能力的重要支撑，并以京津冀城市群为研究对象，运用社会网络分析法并结合 Ucinet、ArcGSI 软件，分析创新网络结构特征及其时空演化，探究京津冀城市群创新网络演化驱动机制。

（二）联盟网络

对于联盟网络，学者主要从其内涵、与企业绩效的关系及影响机理等方面展开研究。吉尔新等（Gilsing et al.，2007）认为联盟网络是焦点企业与不同联盟伙伴缔结的网络关系，构建联盟网络有助于获取依靠单个联盟难以实现的利益。联盟网络使企业能够有机会获得外部的信息和知识资源。安德森等（Anderson et al.，2010）认为联盟网络有助于新创企业绩效的提升。彭伟和符正平（2015）发现构建强关系联盟网络对新创企业绩效具有显著的促进作用，占据联盟网络的中心性位置对新创企业绩效具有显著的促进作用；联盟网络关系强度和中心性位置都正向影响新创企业资源整合活动；资源整合在联盟网络与新创企业绩效关系中发挥中介作用。霍夫曼等（Hofman et al.，2017）研究联盟网络成员之间的组织耦合程度对企业协同创新绩效的影响。影响机理方面，张红娟和谭劲松（2014）从跨层次视角分析联盟网络企业、联盟关系以及联盟网络整体 3 个不同层次的要素及其交互作用对企业创新绩效的影响机理。贡文伟、袁煜和朱春雪（2020）基于社会网络理论和资源依赖理论，构建联盟网络对企业绩效影响的概念模型，分析二者间的内在影响机理。

（三）知识网络

对于知识网络的探讨，国内外学者主要从知识网络的概念、分类、网络结构及演化模型进行研究。贝克曼（Beckmann，1995）首先提出知识网络的概念，认为知识网络是为从事科学知识的生产和传播的机构和活动。索菲尔特等（Seufert et al.，1999）认为在情报学理论研究中，知识网络是由科学知识节点和知识关联构成的一类网络，是知识交流网络化的产物。张斌和李亚婷（2016）对知识网络的概念进行补充：知识网络是在社会关系基础上，交流、转移、共享知识资源特别是隐性知识后形成的网络结构。高继平等（2015）基于一模网络、二模网络、超网络等概念，将知识网络划分为四类，分别是一模同质知识网络、一模异质知识网络、多模同质知识网络和多模异质知识网络。刘向、马费成和王晓光（2013）主要针对知识网络同时具有的小世界结构和无标度连接度分布特征，构造了知识网络特定结构形成的过程模型。王斌（2014）运用网络组织理论和产业集群理论，通过实证研究，构建基于网络结构的集群知识网络共生演化模型，并得出集群知识网络是按照共生宽度和深度的四种组合由低级向高级不断演化的结论。

（四）风险投资网络

美国风险投资产业发展报告中提出，风险投资网络主要指风险投资家与许多有经验的企业家、技术领先的科技专家以及其他合伙投资者建立的广泛的联系。众多学者将研究重点放在风险网络的形成、风险投资网络中节点位置之间的关系及网络演化等。莱纳（Lemer，1994）发现，风险投资公司更加倾向于和其他公司联合投资，构成风险投资网络。王曦（2009）参照社会网络分析方法，从网络关系、网络治理机制、网络结构特征三个方面综述了风险投资网络的有关研究，分析风险投资网络研究的前沿动态。迪莫夫和米拉诺夫（Dimov & Milanov，2010）指出处于风险投资网络中心位置的风险投资家能保持最佳投资。胡志颖等（2014）通过研究发现，风险投资网络位置提升了创业板 IPO 公司的成长性，促进了创新投入，进一步的研究结果表明，风险投资网络位置通过创新投入对企业的成长性提升起中介作用。罗永胜和李远勤（2017）利用 2000～2014 年我国风险投资中的联合投资数据，研究风险投资网络核心－边缘结构的动态演进规律。金永红、汪巍和奚玉芹

（2021）根据 1999～2018 年中国风险投资事件，构建了五年移动时间窗的联合风险投资网络，从复杂网络角度研究中国风险投资网络结构、特性及其动态演化规律。阿里纳吉坡和李马克德（Aleenajitpong & Leemakdej，2021）研究东南亚国家的风险投资网络，分析其小世界行为、幂律分布和中心性度量等网络结构特征，并研究了东南亚有影响力的风险投资群体。

第四节　研究内容与研究方法

一、研究内容

以区域科技金融网络演化为研究主线，揭示区域科技金融网络形成与演化机理，构建区域科技金融网络绩效评价体系，进一步以网络升级为政策目标，深入探究区域科技金融网络演化过程中的政策作用机理与政策工具仿真模型。主要分为五个部分：

第一部分：界定区域科技金融网络的内涵，构建基于商业银行、风险投资机构与科技型企业为科技金融网络核心的三方演化博弈模型，揭示区域科技金融网络形成机理，进一步分析区域科技金融网络演化阶段与特征。

第二部分：建立了基于网络规模、网络节点绩效、网络关系质量与网络外部信息环境四个维度的区域科技金融网络绩效评价指标体系。运用模糊层次分析法确定指标权重，并提出基于规则与问卷调查的绩效评价方法。

第三部分：确定区域科技金融网络演化的政策总目标与具体目标，分析具体政策工具，提出政策作用路径框架。从财政直接投入、税收优惠、信息共享三方面分析公共政策对区域科技金融网络升级的作用机理。

第四部分：设计区域科技金融网络升级的政策仿真模型，分析不同政策工具对网络特征度量指标的影响，确定网络不同演化阶段政策工具的最优组合。

第五部分：以黑龙江省为研究对象，运用社会网络方法分析黑龙江省科技金融网络演化与网络结构特征，测度黑龙江省科技金融网络绩效，并提出促进黑龙江省科技金融网络升级的政策建议。

二、研究方法

第一，通过文献分析与调查，跟踪并掌握科技型企业融资、科技金融体系、科技投融资政策及复杂网络应用的相关研究与发展动态。

第二，运用演化博弈方法建立区域科技金融网络主体三方博弈模型，分析区域科技金融网络形成机理。

第三，运用复杂适应系统（CAS）理论，分析区域科技金融网络演化机理。

第四，综合运用模糊层次分析法与模糊综合评价法构建区域科技金融网络绩效评价体系。

第五，运用基于 Agent 仿真方法建立区域科技金融网络升级的政策仿真模型，基于 Netlogo 软件，对不同政策工具进行仿真分析。

第六，运用社会网络方法与 Ucinet 软件，分析黑龙江省科技金融网络演化过程与网络结构特征。

第二章

区域科技金融网络形成与演化机理

第一节　区域科技金融网络的内涵与特性

一、区域科技金融网络的内涵

与科技金融网络相近的网络概念有创新网络、知识网络、孵化网络、风险投资网络等，梳理上述网络的节点构成及节点边连接的重要文献，如表 2 – 1 所示。

表 2 – 1　　　　　　　　　相近网络文献与观点

网络名称	节点构成	节点边连接	相关文献
创新网络	企业、大学、科研院所、政府、中介机构等	以企业为核心的基于创新活动的合作关系	弗里曼（Freeman，1991）；刘凤朝、马荣康和姜楠（2013）
知识网络	企业、个人、大学、科研院所、政府、中介机构等	基于知识的经常性互动与交流而形成的关联关系	菲尔普斯等（Phelps et al.，2012）；薛捷（2015）
孵化网络	孵化器、被孵企业、供应商、客户、大学、科研院所、中介机构、政府等	以孵化器和被孵企业为核心节点、基于孵育过程的合作关系	施瓦茨和霍尔尼奇（Schwartz & Hornych，2010）；胡海青、张宝建和张道宏（2013）

续表

网络名称	节点构成	节点边连接	相关文献
风险投资网络	风险投资机构	联合投资行为连接	周育红和宋光辉（2014）；李（Lee，2017）

　　本书提出的科技金融网络，其核心节点为科技型企业与科技金融机构（商业银行、风险投资机构等），节点边连接为节点间的资金流动。网络外围节点包括政府相关部门与中介服务机构（知识产权评估中介、企业信用评级中介、会计师事务所等），外围节点提供服务于投融资过程的信息流。科技金融网络节点边连接的一般示意图如图 2-1 所示。科技型企业与科技金融机构间存在资金流动，科技金融机构间存在联合投资行为，科技型企业之间亦存在联合融资行为。政府相关部门、中介服务机构等与科技型企业、科技金融机构之间存在信息交流与合作关系（徐玉莲等，2017）。基于上述分析，立足于社会网络的视角，科技金融网络是围绕投融资过程的资金需求节点与资金供给节点构成的复杂网络，各网络节点通过事前、事中、事后的资金流及与外部的信息流交互，决定其下一时刻新建、持续或断开与其他节点的网络连接，从而推动科技金融网络的动态演化。

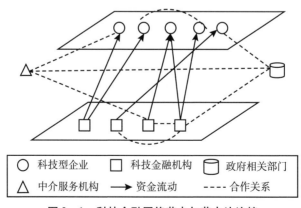

图 2-1　科技金融网络节点与节点边连接

区域是基于描述、分析、管理、计划或制定政策等目的而作为一个应用性整体加以考虑的一片地区，它可以按照内部的同质性或功能一体化原则划分（Behrens & Thisse，2007）。本书将区域科技金融网络的内涵界定为一定区域范围内，在政府、科技型企业、金融机构和中介服务机构等主体间建立起来的合作关系的总和。科技型企业与科技金融机构间存在资金流动，科技金融机构间存在联合投资行为，科技型企业之间亦存在联合融资行为。政府相关部门、中介服务机构等与科技型企业、科技金融机构之间存在信息交流与合作关系。资金流动是科技金融网络区别于其他相近网络的核心特征。

二、区域科技金融网络的特性

（一）动态特性

系统的动态性描述了系统的状态同时间的关系，系统内部诸要素的相关性及系统与外部环境的相关性都随时间而不断变化。科技型企业与科技金融机构作为网络的核心节点，依据各自的资金流要求与所拥有的信息，以利益最大化为目标，决定进入或退出网络。政府推出的公共政策以及中介服务机构发展带来网络外部环境的变化，对网络核心节点投融资决策产生重要影响，从而推进区域科技金融网络结构的不断变化。

（二）开放特性

区域科技金融网络是一个耗散结构，只有当负熵流的作用高于网络内部混乱的正熵流时，网络才能实现从无序状态到有序状态。区域科技金融网络中的道德风险、逆向选择、投资行为短视等现象将导致网络正熵流增加，而有效的政府公共政策支持、完备的信息披露等将产生负熵流，实现区域科技金融网络的有序演化。

（三）扩张特性

在网络开放的前提下，区域科技金融网络具有扩张特性。网络形成期，科技型企业为了实现技术创新，需要寻求资金支持，科技金融机构为追求利润，投资创新领域。伴随着创新成功的巨大收益，原有的科技型企业进一步开展创新活动，科技金融机构进一步增加投资，并且在财富示范效应的影响下，更多新的节点加入网络中，从而实现区域科技金融网络规模的扩张。

第二节　区域科技金融网络的结构分析

一、网络节点

根据节点功能的不同，将区域科技金融网络的节点分为资金需求主体、资金供给主体、政府主体和中介服务机构主体，其中资金需求主体与资金供给主体是网络核心节点，政府主体与中介服务机构主体是网络外围节点。

（一）资金需求主体

资金需求主体主要指科技型企业，同时也是最重要的创新主体。企业在激烈的市场竞争中遵循"创新则兴，不创新则亡"的市场法则。不断进行创新产出才能保证其在竞争中存活并壮大。但企业在创新初期、创新过程中，以及成果转化等各个方面都存在着大量的资金需求。在业务上，科技型企业加快科技创新力度，开创新产品；在财务制度上，科技型企业日益规范化，提高企业的透明度，提升企业的信用水平，进而降低融资难度。充足的资金可以保证科技型企业创新活动的正常进行，提高创新活动的效率和成功率，从而在市场中保持持续的竞争力（徐玉莲等，2016）。科技型企业对比其他企业而言，具有更大的风险和更高的资金需求，由于自身积累有限，需要科技金融体系的资金支持。

（二）资金供给主体

资金供给主体包括商业银行、风险投资机构、天使投资者、科技资本市场投资者等。这些金融投资者相互补充，为科技金融提供了一个完整的、多渠道的资金池。多元化的科技金融体系为科技型企业的创新发展提供所需的资金和服务。商业银行可以提供科技贷款，风险投资机构通常以股权投资的方式来分享创新成果。天使投资者的投资规模较小，一般以团队或初创企业为主。科技资本市场具有普适性，科技型企业可以在股票市场和债权市场进行融资。科技金融机构通过股权、债权等方式为科技型企业创新活动提供有效的资金供给，为创新活动的达成保驾护航，进而实现金融资本的增值。

（三）政府主体

政府主体包括政府财政部门、科技部门、国家发展改革委、中国人民银行等部门与机构。政府以公共政策的形式介入区域科技金融网络的发展，既包括对科技型企业与科技金融机构的财政直接投入政策，也包括税收优惠等政策。政府的权威地位、合法性和建立共识资产的能力无可比拟，因此政府主体对区域科技金融网络的发展起着重要的推动作用，发挥着引导及放大资金杠杆的作用，并对整个科技金融网络进行建设性的监督和管理。

（四）中介服务机构主体

中介服务机构主体是连接资金需求主体和资金供给主体之间的中介服务机构。中介服务机构主体包括科技担保、科技保险、知识产权评估、企业信用评级等机构。它们作为连接科技与金融之间的桥梁，在推动科技发展的同时扮演着降低金融风险的角色，这些中介服务主体对科技金融网络的发展尤为重要。科技担保与科技保险的加入使得科技型企业的创新风险被分散、融资难度降低。还有一些政策性担保机构，以政府特殊身份为科技型企业提供担保。知识产权评估中介和企业信用评级中介对于科技型企业的知识产权保护和资信评级，直接关系到企业能否取得银行的资金支持以及取得资金的规模，是金融机构对科技型企业投资的主要参考内容。会计服务则有利于保证财务信息的真实性，提高科技型企业的透明度，进而更加便于投资者甄别。中介服务机构有利于减少区域科技金融网络信息不对称，在提高网络运行效率等方面起着重要作用。

二、关系链条

区域科技金融网络中各节点之间的关系链条，既是资金和信息传递扩散的关键渠道，又是资金和信息在扩散过程中创造价值或增值的"价值链"。关系链条形成的数量和联系的强度，对区域科技金融网络主体功能的发挥具有重要的影响。在不同的合作模式下，区域科技金融网络中的各种关系链条形成极为复杂，各个节点之间都可以直接或间接地进行连接和合作，形成各种关系链条。

（一）银企金链

科技型企业与科技金融机构形成的资金流动是重要的关系链条之一。因为科技型中小企业是轻资产企业，处于安全性低、高风险的双重高压下；同时科技产品、服务具有技术更新速度快，生命周期短等性质，为此商业银行基于安全性经营准则，对科技型中小企业信贷支持力度有限。政策性银行会响应国家号召，向特定行业、特定类型企业开展的科技创新活动提供科技贷款。国家政策也会鼓励商业银行向科技型企业投资，通过设立贷款风险补偿资金池等其他多项政策降低贷款风险，促进银行向企业发放贷款。

（二）风投企金链

风险投资机构作为创新活动的孵化器，它的参与和联合投资能够满足资源向科技型企业倾斜，提升我国创新成果的产业化水平。银行和资本市场等传统的融资渠道对风险有着天然规避的本质，不愿意也不能冒险为前景不明企业的技术创新提供资金，而风险投资追逐风险的本质弥补了银行和资本市场的不足，事后管理更积极主动且频繁，进而推动了初创期企业的技术创新（徐玉莲等，2017）。风险投资除了缓解创新型企业的资金瓶颈问题，还为企业公司战略、财务管理等方面提供专业化的增值服务，为其提供市场信息和管理经验，同时被投资企业的快速发展则为其带来了丰厚回报，实现投资资本增值。

（三）企银风投金链

企银风投金链中银行在和风险投资机构商榷选择贷款金额和期限之后再执行贷款计划，同时在协议中约定选择权条款，可以约定银行贷款对应的价格转变成对应数额比例的企业股权的期权，也可以协商在贷款存在不可收回问题时或在约定的相应条件发生时按照价格相应转化成被投资的单位的股权，风险投资机构可以通过企业 IPO 进行上市、股权转让以及并购重组的方式退出，出售部分或全部的股权，获取退出收益。在该模式下，风险投资具有项目寻找和价值判断的优势，又具有较高的风险偏好，失败容忍度较高，其先期进入可有效降低银行跟进的信息不对称程度，其投后管理的专业性以及相关行业的资源优势，能帮助科技型企业价值提升；商业银行有着广泛的客户网络、项目资源和雄厚的资金基础，参与项目推荐或跟进，为风险投资提供补充资金以及信誉增值，能降低潜在风险，分担其监督管理科创企业的压力，弥补风险投资所缺的综合化金融服务。

（四）政企金链

科技型企业、科技金融机构与政府之间的合作主要体现在政府通过财政预算和相关科技税收政策等公共政策支持。财政部门、税收部门、科技部门、中国人民银行等多部门共同制定财政补贴、税收优惠等扶持政策，积极传导信号，引导外部资金参与企业创新活动，促进科技型企业与科技金融机构的投融资对接，降低其获取外部资金的难度。除上述政策外，政府组织的投融资对接活动、科技项目公开等为科技型企业与科技金融机构提供决策信息。这种正效应可称为激励效应，由于政府补助资金的存在，拓宽了企业创新活动的资金来源，增加了企业创新活动的经费，政府的支持降低了企业创新活动的风险，提高了创新项目的预期收益率，政府在一定程度上成为了企业的保障。

综上所述，在科技金融网络中，科技型企业作为网络的核心，科技型金融机构（如风险投资、商业银行等）作为资金的供给者为科技型企业注入创新活力，政府出台相关扶持政策，引导科技金融机构向科技型企业投资。科技金融网络并不是一蹴而成的，是由多个主体通过资金连接或产生合作行为逐渐形成的网络。科技金融网络中的每一个主体都有可能同其他一个或者多个主体产生连接、发生合作。本书采用演化博弈的方法，以科技型企业、商业银行、风险投资机构三个主体为此次博弈的参与主体，主体间可能存在两方合作或者三方合作，发生合作关系即构成科技金融网络的关系链，通过多主体关系链合作逐渐形成复杂且稳定的科技金融网络，因此对科技型企业、商业银行及风险投资机构的博弈行为进行研究。其中，科技型企业的行为影响整个科技金融网络的形成和发展，它与商业银行、风险投资机构合作产生的合作成本高低影响着科技型企业科技创新的积极主动性，这是整个博弈持续进行的关键，当然存在其他因素也影响着商业银行和风险投资机构的合作意愿，通过研究三个博弈主体的行为，揭示科技金融网络的形成机理。

第三节　区域科技金融网络形成机理

一、网络主体的博弈关系分析

（一）科技型企业与风险投资机构间博弈关系

在吸收风险投资方面，科技型企业的高投入性、高成长性能够带来高收益与风险投资机构的价值观契合。因此向风险投资机构融资是科技型企业最首要的融资方式。

博弈一开始，科技型企业向风险投资机构发出项目建议书，风险投资机构就初步挑选的项目进行内部讨论，决定项目可行性。若项目通过初审，进行下一步面谈，若项目不通过，风险投资机构回绝该项目建议书，不产生成本，而企业也只付出较少的成本。如果风险投资家对科技型企业的项目十分感兴趣，选择通过实地考察或其他方式，了解企业的经营状况、项目开展的情况，管理团队和其他有关市场和企业的情况，借助自身丰富的投资经验、敏锐的判断能力以及专业的行业知识等，采用一系列严格的标准和程序，综合考虑合作的团队、项目的核心竞争力、企业的发展战略以及市场战略等，审慎筛选投资对象。通过严格的审查程序对意向科技型企业的技术、市场潜力、企业的规模等进行详尽的评估和审查；审查阶段结束后，若风险投资机构看好企业的项目前景，便与企业进行协商，内容包括企业成功上市后风险投资机构应分得收益大小，被投资的科技型企业应该承担的义务，投资方应该享有的权益等这类投资交易条件。对于科技型企业，若此时仍然选择接受风险投资机构所提出的条件，则风险投资机构与科技型企业的合作达成，科技型企业项目研发成功后按事先约定好的比例与风险投资机构分配收益。

风险投资机构作为被投资企业的股权投资者，更关注企业的内在价值和成长潜力，能够减轻企业在制定创新决策时存有的顾虑，为科技型企业未来的研发创新活动提供可靠的资金来源，注入新的活力。除此之外，因为拥有风险投资介入背景能够向外界传递被投资企业资质良好的信号，这在一定程度上可以促进企业声誉和知名度的提高，有利于后续其他投资者的加入（徐玉莲等，2011）。风险投资机构还发挥第三方认证作用，当科技型企业通过严格的筛选之后，说明其拥有巨大发展潜力和投资价值。

在投资后管理中，风险投资机构参与投后管理的举措通常包括：协助被投资企业设计人力资源、销售渠道和激励机制等战略性决策，利用自身的管理经验、行业人脉在被投资企业的财务融资、研发创新和公司治理等方面给予支持。利用自身资源和社会网络在资源连接、业务促进、监督管理等方面对被投资企业进行管理，以更好地发挥认证、监督以及市场功能，共同应对不确定性，增强科技型企业的竞争优势。

最后风险投资机构在资本市场上将持有的科技型企业资本权益出售变现。这是整个投资环节的最后一环，其退出主要有企业公开上市（IPO）、股权出售、股份回购、破产清算四个渠道。其中通过企业公开上市获得的投资收益一般是最高的，这种退出方式能够扩大科技型企业的知名度，提升企业形象，股票上市的吸引力还能够帮助企业吸引更多高新技术人才，留住核心层人员。股权出售或股份回购，能够使风险投资机构自行选择何时将拥有的投资项目的股权变现，操作简单，但收益有限，是风险投资机构规避风险的手段。破产清算，是风险投资机构投资不成功、为避免产生更大损失的退出方式。

若科技型企业不满风险投资机构提出的条件，或对于风险投资机构持有的企业股权大小无法与风险投资机构达成共识，或者一旦接受风险投资机构融资，科技型企业的股权发生大量转移，企业收益无法保障，那么科技型企业可能会拒绝风险投资机构的投资，选择使用自有资金进行一些低收益率项目的开发，获得最低的保障。

（二）科技型企业与商业银行间博弈关系

在我国，商业银行通过提供科技贷款为科技型企业提供资金支持，也有很多银行设置科技银行兼营科技信贷业务。

博弈开始，科技型企业向商业银行提出贷款申请，商业银行接受申请后，对申请贷款的科技型企业的技术、专利、人才、股东、管理层以及信誉情况进行初步考察。倘若科技型企业开展的项目不符合商业银行的要求，或项目风险高，收益难以保证，商业银行会选择直接拒绝企业的贷款申请，避免以后投资失败造成贷款无法收回的结果，花费的成本忽略不计；若科技型企业符合商业银行的贷款条件，项目虽有风险但在商业银行可接受的范围内，商业银行则需要花费较多的人力、财力，在发放贷款之前，对企业的信息进行调查搜集，或者为保证信息的真实性，派出业务团队对企业进行实地考察，从而产生信息收集成本、信息分析成本、人力成本等，并要根据企业的经营状况、偿债能力，制订差别化的信用体系，关注企业的创新能力以及发展前景，发现科技型企业无形资产的价值，减少有形资产抵押贷款，此时若科技型企业继续选择贷款，商业银行和科技型企业的合作达成。

科技型企业在贷款到期以后，需要按时向商业银行支付本金利息，此为普通的科技贷款，若同时有风险投资机构与商业银行一起为科技型企业融资，那么企业还应支付给商业银行通过投贷联动合作的超额创新收益。科技型企业为了能够顺利获得商业银行的贷款，需要做出相应努力，为了满足商业银行贷款条件，要提供可靠的贷款偿还保证、接受商业银行信贷监督、提升企业资质、优化企业财务状况，还有可能为了保证资金的使用用途满足贷款条件而放弃了能够获得更高收益的高风险研发项目等。在商业银行发放贷款后，银行还要定期考察企业项目开展情况、追踪资金使用情况、追踪资金流向、进行贷中监测、贷中动态的复盘、完成常态化的科技信贷管理，及时识别信用风险。

若科技型企业在发出贷款申请后，与商业银行贷款询价过程中，发现即使项目研发成功获得收益，扣除应还银行的本息和商业银行与科技型企业合作成本以后，剩余收益较小，企业会选择直接退出融资，利用企业自有的资金开展可行的项目，而放弃向商业银行贷款这一融资途径。

（三）风险投资机构与商业银行间博弈关系

风险投资机构与商业银行合作的模式，是指由商业银行以信贷的方式与本商业银行以外的其他金融集团设立的，具有投资功能的股权投资机构（主要是风险投资机构）合作，共同对科技型企业进行股权投资，两者建立信息共享、风险共担、互相监督管理机制。

在博弈过程中，科技型企业首先向风险投资机构提出融资申请，由风险投资机构对项目的成功率和收益率、企业资质、项目的发展前景等作出评估后，选择向科技型企业投资，同时科技型企业为了获得更多资金，向商业银行提出贷款申请，商业银行在经过一系列调查、审核、筛选后，选择发放贷款给科技型企业。若风险投资机构与商业银行均选择投资于科技型企业，达成合作，那么二者形成外部投贷联动模式。风险投资机构除了可以为科技型企业提供部分资金以外，同时为商业银行提供财务顾问、资金托管、股权投资、风险识别、运营监管等服务，商业银行则与风险投资机构共同为企业提供后续的服务，包括后续信贷的投放、资金结算、流动资金理财等综合性的科技型企业金融服务。

企业的科研项目开发成功通过上市获得项目收益，风险投资机构按照事先与企业签订的合作协议，通过抛售、回购或者其他方式按期获得股权收益。商业银行获得"贷款本息＋超额收益"，这部分收益是由风险投资机构和商业银行二者合作形成投贷联动模式带来的收益。因为商业银行和风险投资机构捆绑共同运作能够充分发挥商业银行和风险投资机构两方的优势。一方面，商业银行资金量大，融资成本较低，可以成为风险投资机构项目信息的提供者和企业的资金提供者；另一方面，风险投资机构在风险识别和控制方面的专业性能够补齐商业银行在这方面的"短板"，有效缓解信息不对称，在很大程度上降低了资金供需双方尤其是商业银行与科技型企业间的搜寻和签约成本。另外，风险投资机构与商业银行合作为企业提供的资金量与其他模式相比也较多，大量的资金投入满足科技型企业高投入的融资需求，企业拥有足够的资金研发高新技术，进行科技成果产业化、购买设备、开拓市场，推动企业快速成长，从而提高了投资成功率与项目收益率。

但商业银行与风险投资机构毕竟是两类金融机构，二者在经营目标、风险偏好、风险容忍度等方面追求不同。商业银行风险容忍度低，经营目标追求盈利性、流动性与安全性，而风险投资机构追求高风险带来高收益，两者风险文化不同，因此做出的选择也不同，两者合作为科技型企业提供资金支持时，同时也需要付出相互监督成本以保证合作的高效性、有效性。由此，风险投资机构与商业银行的合作成本会因增加了相互监督成本而上升，也因风险投资机构与商业银行合作缓解信息不对称的好处而下降。

二、模型基本假设

假设 1：在一个自然环境下，有创新主体科技型企业提出对资金的需求、由投资主体进行投资。投资主体 1 是能够考察项目风险大小的风险投资机构（VC），投资主体 2 是具有大量资金的商业银行（B），被投资主体为科技型企业（E）。目前科技型企业的项目能否开展，以及项目成功率存在不确定性，国家的政策是否支持，企业开展的项目周期长短，风险投资机构与商业银行协商要进行合作投资，但也会由于一些原因导致合作失败等，一系列因素都会对科技型企业项目的开展产生一定影响，故设 P 为项目成功的概率。

假设 2：假设在此演化博弈模型中，参与的主体均为有限理性，掌握的信息具有不完全对称性；博弈的参与方都处在博弈初始阶段；博弈过程中不考虑其他可能对创新过程有影响的主体，如中介机构或政府等。

假设 3：对于科技型企业，三者协商做出初期的判断，科技型企业存在融资需求，向风险投资机构与商业银行发出合作请求，三方进行谈判。若科技型企业与风险投资机构、商业银行的谈判进行得并不顺利，于是作出退出融资的决定，则只需要付出的较低谈判成本 C_{e1}；若在谈判过程中科技型企业不改变融资请求，于是为了获得所需的项目资金付出较多的努力，风险投资机构与商业银行中有一方支持科技型企业时，科技型企业付出的成本为 C_{e2}；若科技型企业进行了相当大的努力仍没有金融机构进行投资，科技型企业仍需要付出成本 C_{e2}，并且 $C_{e2} > C_{e1}$。科技型企业接受风险投资机构与商业银行的联合投资时，能够获得收益 K_1，只有风险投资机构或商业银行其中一家机构投资时，分别获得收益 K_2、K_3，没有金融机构的资金支持，只有科技型企业自有资金支持企业进行的一些日常活动获得收益 K_4。

假设 4：对于风险投资机构，在科技型企业有融资需求的时候对科技型企业的资产信息、项目收益等作出初步判断。若觉得能够获得的利益不大，不满足风险投资机构的收益要求，将直接拒绝科技型企业的请求，花费的成本较低视为 0；若觉得有较大发展空间便进行深入的调查分析，并尝试与科技型企业制订股权分配协议等，此时付出的成本为 C_{vc1}；与科技型企业达成共识，将资金成功投资于科技型企业，以及风险投资机构与商业银行达成合作需要付出监督成本、共同成本等合作成本均设为 C_{vc2}，$C_{vc2} > C_{vc1}$。风险投资机构与科技型企业达成合作时，风险投资机构持有科技型企业的股份比例

为 q。

假设 5：商业银行与风险投资机构的状况相同，在科技型企业有融资需求的时候对科技型企业的资产信息、项目收益等作出初步判断。若觉得项目不可行，科技型企业很大概率上不能够按时还款，因此会直接拒绝科技型企业的融资申请，不花费审核成本；若考察得出科技型企业所开展项目的获利空间较大，有意向贷款给科技型企业，为科技型企业制订详细的还款计划、还款程序与利率等付出成本 C_{b1}；当商业银行与科技型企业达成合作，以及风险投资机构、科技型企业、商业银行三者达成合作时，需要付出的监督成本、共同成本等合作成本均设置为 C_{b2}，$C_{b2} > C_{b1}$。商业银行的贷款资金为 B，利率为 r，商业银行与风险投资机构共同为科技型企业提供资金时，二者合作形成新兴的投贷联动模式，为商业银行带来超额收益 ΔR。

三、主体演化博弈模型的构建

根据以上假设，设科技型企业选择参与融资的概率为 x，退出融资的概率为 $1-x$，风险投资机构选择投资的概率为 y，选择不投资的概率为 $1-y$，商业银行选择贷款的概率为 z，选择不贷款的概率为 $1-z$。则在以上假设条件下，科技型企业、风险投资机构与商业银行是否参与项目融资的策略矩阵如表 2 - 2 所示（徐玉莲等，2022）。

表 2 - 2　　科技型企业、风险投资机构与商业银行合作支付矩阵

项目		风险投资机构	商业银行	
			贷款（z）	不贷款（$1-z$）
科技型企业	发起融资请求（x）	投资（y）	$\begin{pmatrix} [PK_1-(1+r)B-\Delta R](1-q)-C_{e2} \\ [PK_1-(1+r)B-\Delta R]q-C_{vc2} \\ PB(1+r)+\Delta R-C_{b2} \end{pmatrix}$	$\begin{pmatrix} PK_2(1-q)-C_{e2} \\ PK_2q-C_{vc2} \\ 0 \end{pmatrix}$
		不投资（$1-y$）	$\begin{pmatrix} PK_3-(1+r)B-C_{e2} \\ 0 \\ PB(1+r)-C_{b2} \end{pmatrix}$	$\begin{pmatrix} K_4-C_{e2} \\ 0 \\ 0 \end{pmatrix}$

项目		风险投资机构	商业银行	
			贷款（z）	不贷款（$1-z$）
科技型企业	退出融资（$1-x$）	投资（y）	$\begin{pmatrix} K_4 - C_{e1} \\ -C_{vc1} \\ -C_{b1} \end{pmatrix}$	$\begin{pmatrix} K_4 - C_{e1} \\ -C_{vc1} \\ 0 \end{pmatrix}$
		不投资（$1-y$）	$\begin{pmatrix} K_4 - C_{e1} \\ 0 \\ -C_{b1} \end{pmatrix}$	$\begin{pmatrix} K_4 - C_{e1} \\ 0 \\ 0 \end{pmatrix}$

（一）商业银行复制动态方程

商业银行退出融资期望收益：

$$U_{b1} = 0 \tag{2-1}$$

商业银行参与融资期望收益：

$$U_{b2} = xy\left[PB(1+r) + \Delta R - C_{b2}\right] + x(1-y)\left[PB(1+r) - C_{b2}\right]$$
$$+ (1-x)y(-C_{b1}) + (1-x)(1-y)(-C_{b1}) \tag{2-2}$$

商业银行参与融资平均收益：

$$\overline{U}_b = (1-z)U_{b1} + zU_{b2} \tag{2-3}$$

则商业银行参与融资策略的复制动态方程为：

$$F(z) = \frac{\mathrm{d}z}{\mathrm{d}t} = z(U_{b2} - \overline{U}_b) = z(1-z)(U_{b2} - U_{b1})$$

$$= z(1-z)\left\{xy\left[PB(1+r) + \Delta R - C_{b2}\right] + x(1-y)\left[PB(1+r) - C_{b2}\right]\right.$$
$$\left. + (1-x)y(-C_{b1}) + (1-x)(1-y)(-C_{b1})\right\} \tag{2-4}$$

（二）风险投资机构的复制动态方程

风险投资机构退出融资期望收益：

$$U_{vc1} = 0 \tag{2-5}$$

风险投资机构参与融资期望收益：

$$U_{vc2} = xz\{[PK_1 - (1+r)B - \Delta R]q - C_{vc2}\} + x(1-z)(PK_2q - C_{vc2})$$
$$+ (1-x)z(-C_{vc1}) + (1-x)(1-z)(-C_{vc1}) \qquad (2-6)$$

风险投资机构平均融资期望收益：

$$\overline{U_{vc}} = (1-y)U_{vc1} + yU_{vc2} \qquad (2-7)$$

则风险投资机构选择参与融资策略的复制动态方程为：

$$F(y) = \frac{dy}{dt} = y(U_{vc2} - \overline{U_{vc}}) = y(1-y)(U_{vc2} - U_{vc1})$$
$$= y(1-y)[xz\{[PK_1 - (1+r)B - \Delta R]q - C_{vc2}\} + x(1-z)(PK_2q - C_{vc2})$$
$$+ (1-x)z(-C_{vc1}) + (1-x)(1-z)(-C_{vc1})] \qquad (2-8)$$

（三）科技型企业的复制动态方程

科技型企业退出融资的期望收益：

$$U_{e1} = K_4 - C_{e1} \qquad (2-9)$$

科技型企业参与融资的期望收益：

$$U_{e2} = yz\{[PK_1 - (1+r)B - \Delta R](1-q) - C_{e2}\} + y(1-z)[PK_2(1-q) - C_{e2}]$$
$$+ (1-y)z[PK_3 - (1+r)B - C_{e2}] + (1-y)(1-z)(K_4 - C_{e2}) \qquad (2-10)$$

科技型企业的平均期望收益：

$$\overline{U_e} = (1-x)U_{e1} + xU_{e2} \qquad (2-11)$$

则科技型企业选择参与融资策略的复制动态方程为：

$$F(x) = \frac{dx}{dt} = x(U_{e2} - \overline{U_e}) = x(1-x)(U_{e2} - U_{e1})$$
$$= x(1-x)[yz\{[PK_1 - (1+r)B - \Delta R](1-q) - C_{e2}\}$$
$$+ y(1-z)[PK_2(1-q) - C_{e2}] + (1-y)z[PK_3 - (1+r)B - C_{e2}]$$
$$+ (1-y)(1-z)(K_4 - C_{e2}) - (K4 - C_{e1})] \qquad (2-12)$$

四、主体的稳定策略分析

（一）商业银行的演化稳定策略

对商业银行选择参与融资概率的复制动态方程求偏导可得到：

$$\frac{\partial F(z)}{\partial z} = (1-2z)\{xy[PB(1+r)+\Delta R - C_{b2}] + x(1-y)[PB(1+r)-C_{b2}]$$

$$+ (1-x)y(-C_{b1}) + (1-x)(1-y)(-C_{b1})\} \quad (2-13)$$

当 $x = x^* = \dfrac{C_{b1}}{y\Delta R + PB(1+r) + C_{b1} - C_{b2}}$ 时，无论 z 取何值，模型均处于稳定策略，即商业银行策略的选择不随时间进行变化；当 $x < x^*$ 时，$F'(0) < 0$、$F'(1) > 0$，此时 $z = 0$ 为商业银行的策略稳定点，即商业银行倾向于不参与企业的融资项目，当 $x > x^*$ 时，$F'(0) > 0$、$F'(1) < 0$，此时 $z = 1$ 为商业银行的投资策略稳定点，即商业银行倾向于向科技型企业贷款。

因此，商业银行选择参与融资策略概率的相位图如图 2 - 2 所示。

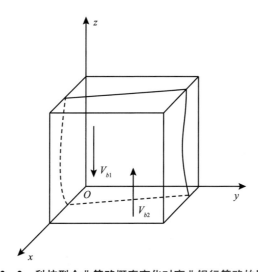

图 2 - 2　科技型企业策略概率变化对商业银行策略的影响

由图 2 - 2 可知，V_{b1} 代表商业银行不提供贷款的概率，V_{b2} 代表商业银行提供贷款的概率，且二者体积之和为 1。计算得到：

$$V_{b1} = \int_0^1 \int_0^1 \frac{C_{b1}}{y\Delta R + PB(1+r) + C_{b1} - C_{b2}} dzdy$$

$$= \frac{C_{b1}}{\Delta R}\ln\left|\frac{\Delta R + PB(1+r) + (C_{b1} - C_{b2})}{PB(1+r) + (C_{b1} - C_{b2})}\right| \quad (2-14)$$

$$V_{b2} = 1 - V_{b1} \tag{2-15}$$

综合以上条件可推导出以下结论：

当满足条件 $PB(1+r) > C_{b2} - C_{b1}$ 时，即在商业银行与企业为建立融资连接的成本 C_{b1} 与完成贷款过程的成本 C_{b2} 相差不是很大时，可去掉绝对值符号：

$$V_{b1} = \frac{C_{b1}}{\Delta R}\{\ln[\Delta R + PB(1+r) + (C_{b1} - C_{b2})] - \ln[PB(1+r) + (C_{b1} - C_{b2})]\}$$

$$\tag{2-16}$$

$$V_{b2} = 1 - V_{b1} \tag{2-17}$$

对商业银行不向科技型企业贷款的概率 $(1-z)$（即 V_{b1}）分别关于 r、C_{b2}、P、ΔR、C_{b1} 求偏导，可以得到：

$$\frac{\partial V_{b1}}{\partial r} = \frac{C_{b1}}{\Delta R}\left[\frac{PB}{\Delta R + PB(1+r) + (C_{b1} - C_{b2})} - \frac{PB}{PB(1+r) + (C_{b1} - C_{b2})}\right] < 0$$

$$\tag{2-18}$$

$$\frac{\partial V_{b1}}{\partial P} = \frac{C_{b1}}{\Delta R}\left[\frac{B(1+r)}{\Delta R + PB(1+r) + (C_{b1} - C_{b2})} - \frac{B(1+r)}{PB(1+r) + (C_{b1} - C_{b2})}\right] < 0$$

$$\tag{2-19}$$

$$\frac{\partial V_{b1}}{\partial C_{b2}} = \frac{C_{b1}}{\Delta R}\left[-\frac{1}{\Delta R + PB(1+r) + (C_{b1} - C_{b2})} + \frac{1}{PB(1+r) + (C_{b1} - C_{b2})}\right] > 0$$

$$\tag{2-20}$$

结论 1：由于 $V_{b2} = 1 - V_{b1}$，那么对商业银行愿意向企业贷款的概率 z（即 V_{b2}）分别关于 r、C_{b2}、P、ΔR 求偏导可以得到 $\frac{\partial V_{b2}}{\partial r} > 0$、$\frac{\partial V_{b2}}{\partial P} > 0$、$\frac{\partial V_{b2}}{\partial C_{b2}} < 0$，由此得出结论：随着商业银行贷款利率 r、科技型企业创新成功概率 P 越大，商业银行为科技型企业提供贷款的可能性越大；随着商业银行在科技型企业贷款过程中的调查与监督管理成本 C_{b2} 越大，商业银行越不倾向于向科技型企业提供贷款。

$$\frac{\partial V_{b1}}{\partial C_{b1}} = \frac{1}{\Delta R} \left[\ln \frac{\Delta R + PB(1+r) + (C_{b1} - C_{b2})}{PB(1+r) + (C_{b1} - C_{b2})} \right]$$

$$+ \frac{C_{b1}}{\Delta R} \left[\frac{1}{\Delta R + PB(1+r) + (C_{b1} - C_{b2})} - \frac{1}{PB(1+r) + (C_{b1} - C_{b2})} \right] \quad (2-21)$$

结论 2: 由上述式子可知，$\frac{\partial V_{b1}}{\partial C_{b1}}$ 结果正负号未知，则 $\frac{\partial V_{b2}}{\partial C_{b1}}$ 的结果也未知。推断原因为，商业银行为科技型企业提供贷款意愿与贷款前的调查成本高低并无直接关系，而是与商业银行贷前调查的结果，如科技型企业创新成功的概率、还款能力等直接相关。

$$\frac{\partial V_{b1}}{\partial \Delta R} = \frac{C_{b1}}{\Delta R} \left\{ \frac{\ln \left[PB(1+r) + (C_{b1} - C_{b2}) \right] - \ln \left[\Delta R + PB(1+r) + (C_{b1} - C_{b2}) \right]}{\Delta R} \right.$$

$$\left. + \frac{1}{\Delta R + PB(1+r) + (C_{b1} - C_{b2})} \right\} \quad (2-22)$$

进一步将上述式子等号右端放大得到新的公式：

$$\frac{\partial V_{b1}}{\partial \Delta R} < \frac{C_{b1}}{\Delta R} \left\{ \frac{\ln \left[PB(1+r) + (C_{b1} - C_{b2}) \right] - \ln \left[\Delta R + PB(1+r) + (C_{b1} - C_{b2}) \right] + 1}{\Delta R} \right\}$$

$$(2-23)$$

由上述式子可知，当满足条件 $\Delta R > (e-1) \left[PB(1+r) + (C_{b1} - C_{b2}) \right]$ 时，$\frac{\partial V_{b1}}{\partial \Delta R} < 0$，那么 $\frac{\partial V_{b2}}{\partial \Delta R} > 0$。

结论 3: 当商业银行与风险投资机构的投贷联动额外收益 ΔR 大于某一特定数值时，随着投贷联动额外收益 ΔR 的增加，商业银行更倾向于向科技型企业贷款。换言之，当商业银行认为投贷联动的额外收益 ΔR 较小时，商业银行不倾向于与风险投资机构合作，共同为科技型企业提供资金。

（二）风险投资机构的演化稳定策略

对风险投资机构选择参与融资概率的复制动态方程求偏导可得到：

$$\frac{\partial F(y)}{\partial y} = (1-2y) \left\{ xz \left[PK_1 q - PK_2 q - (1+r)Bq - q\Delta R \right] \right.$$

$$\left. + x(PK_2 q - C_{vc2} + C_{vc1}) - C_{vc1} \right\} \quad (2-24)$$

则当 $x = x^* = \dfrac{C_{vc1}}{z\left[PK_1q - PK_2q - (1+r)Bq - q\Delta R\right] + (PK_2q - C_{vc2} + C_{vc1})}$ 时，
无论 y 取何值，模型均处于稳定状态，$F(y) \equiv 0$，即风险投资机构策略不随
时间变化；当 $x < x^*$ 时，$F'(0) < 0$，$F'(1) > 0$，此时 $y = 0$ 为风险投资机构的
投资策略稳定点，即风险投资机构倾向于不参与科技型企业的融资项目；当
$x > x^*$，那么 $F'(0) > 0$，$F'(1) < 0$，此时 $y = 1$ 为风险投资机构的投资策略稳
定点，即风险投资机构倾向于投资科技型企业。

因此，风险投资机构选择参与融资策略概率的相位图如图 2 - 3 所示。

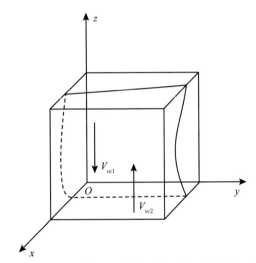

图 2 - 3 科技型企业策略概率变化对风险投资机构策略的影响

由图 2 - 3 可知，V_{vc1} 代表的是风险投资机构不向科技型企业投资的概率，
V_{vc2} 代表的是风险投资机构向科技型企业投资的概率，二者之和为 1，计算
得到：

$$
\begin{aligned}
V_{vc1} &= \int_0^1 \int_0^1 \frac{C_{vc1}}{z\left[PK_1q - PK_2q - (1+r)Bq - q\Delta R\right] + (PK_2q - C_{vc2} + C_{vc1})}\mathrm{d}y\mathrm{d}z \\
&= \frac{C_{vc1}}{\left[PK_1 - PK_2 - (1+r)B - \Delta R\right]q}\ln\left|\frac{\left[PK_1 - (1+r)B - \Delta R\right]q - C_{vc2} + C_{vc1}}{PK_2q - C_{vc2} + C_{vc1}}\right|
\end{aligned}
$$

$$(2 - 25)$$

$$V_{vc2} = 1 - V_{vc1} \qquad (2-26)$$

当满足：$PK_1q - (1+r)Bq - q\Delta R - PK_2q > 0$ 且 $PK_2q - C_{vc2} + C_{vc1} > 0$ 时，可以去掉绝对值符号。条件表示的含义为：条件1，当风险投资机构通过投贷联动获得的收益大于通过只投不贷获得的收益；条件2，风险投资机构与科技型企业达成合作所获得的收益大于风险投资机构选择投资而科技型企业退出融资时风险投资机构的收益。满足以上两个条件绝对值符号可以去掉。

则得到：

$$V_{vc1} = \frac{C_{vc1}}{[P(K_1-K_2)-(1+r)B-\Delta R]q} \ln \frac{[PK_1-(1+r)B-\Delta R]q - C_{vc2} + C_{vc1}}{PK_2q - C_{vc2} + C_{vc1}}$$
$$(2-27)$$

对风险投资机构不愿向科技型企业投资的概率 $(1-y)$（即 V_{vc1}）分别关于 P、q、C_{vc2}、ΔR 求偏导可得到：

$$\frac{\partial V_{vc1}}{\partial P} = \frac{qC_{vc1}(K_1-K_2)}{[PK_1-PK_2-(1+r)B-\Delta R]^2 q^2} \ln \frac{qPK_2 - C_{vc2} + C_{vc1}}{q[PK_1-(1+r)B-\Delta R] - C_{vc2} + C_{vc1}}$$
$$+ \frac{qC_{vc1}}{[PK_1-PK_2-(1+r)B-\Delta R]q} \Big[\frac{K_1}{PK_1q-(1+r)Bq-q\Delta R-C_{vc2}+C_{vc1}}$$
$$- \frac{K_2}{PK_2q - C_{vc2} + C_{vc1}} \Big] \qquad (2-28)$$

$$\frac{\partial V_{vc1}}{\partial q} = \frac{C_{vc1}}{q[P(K_1-K_2)-(1+r)B-\Delta R]} \Big[\frac{1}{q} \ln \frac{qPK_2 - C_{vc2} + C_{vc1}}{q[PK_1-(1+r)B-\Delta R] - C_{vc2} + C_{vc1}}$$
$$+ \frac{PK_1-(1+r)B-\Delta R}{q[PK_1-(1+r)B-\Delta R]-C_{vc2}+C_{vc1}} - \frac{PK_2}{qPK_2 - C_{vc2} + C_{vc1}} \Big] < 0 \quad (2-29)$$

$$\frac{\partial V_{vc1}}{\partial C_{vc2}} = \frac{C_{vc1}}{[PK_1-PK_2-(1+r)B-\Delta R]q} \Big[- \frac{1}{[PK_1-(1+r)B-\Delta R]q - C_{vc2} + C_{vc1}}$$
$$+ \frac{1}{PK_2q - C_{vc2} + C_{vc1}} \Big] > 0 \qquad (2-30)$$

$$\frac{\partial V_{vc1}}{\partial \Delta R} = \frac{qC_{vc1}}{[PK_1-PK_2-(1+r)B-\Delta R]q}$$
$$\times \Big\{ \frac{1}{[P(K_1-K_2)-(1+r)B-\Delta R]q} \ln \frac{[PK_1-(1+r)B-\Delta R]q - C_{vc2} + C_{vc1}}{PK_2q - C_{vc2} + C_{vc1}}$$

$$- \frac{1}{PK_1 q - (1+r)Bq - q\Delta R - C_{vc2} + C_{vc1}} \Big\} \qquad (2-31)$$

根据以上公式，结合 V_{vc1} 与 V_{vc2} 的关系得出结论：

结论 4： $\dfrac{\partial V_{vc1}}{\partial q} < 0$、$\dfrac{\partial V_{vc1}}{\partial C_{vc2}} > 0$，那么 $\dfrac{\partial V_{vc2}}{\partial q} > 0$、$\dfrac{\partial V_{vc2}}{\partial C_{vc2}} < 0$，随着风险投资机构持股比例 q 的增加，风险投资机构愿意向科技型企业投资的意愿增加。随着合作成本 C_{vc2} 的增加风险投资机构向科技型企业投资的意愿会逐渐减小。

将公式（2-28）中 $\dfrac{\partial V_{vc1}}{\partial P}$ 右端放大，得到

$$\frac{\partial V_{vc1}}{\partial P} < \frac{qC_{vc1}}{[PK_1 - PK_2 - (1+r)B - \Delta R]q} \Bigg\{ \frac{K_1 - K_2}{[PK_1 - PK_2 - (1+r)B - \Delta R]q}$$
$$\times \ln \frac{qPK_2 - C_{vc2} + C_{vc1}}{q[PK_1 - (1+r)B - \Delta R] - C_{vc2} + C_{vc1}}$$
$$+ \frac{K_1 - K_2}{PK_1 q - (1+r)Bq - q\Delta R - C_{vc2} + C_{vc1}} \Bigg\} \qquad (2-32)$$

$$\frac{\partial V_{vc1}}{\partial P} < \frac{qC_{vc1}}{[P(K_1 - K_2) - (1+r)B - \Delta R]q} \Bigg(\frac{K_1 - K_2}{[PK_1 - PK_2 - (1+r)B - \Delta R]q}$$
$$\times \Big\{ \ln \frac{qPK_2 - C_{vc2} + C_{vc1}}{q[PK_1 - (1+r)B - \Delta R] - C_{vc2} + C_{vc1}} + 1 \Big\} \Bigg) \qquad (2-33)$$

若 $\dfrac{PK_2 q - C_{vc2} + C_{vc1}}{PK_1 q - (1+r)Bq - q\Delta R - C_{vc2} + C_{vc1}} < e$，则 $\dfrac{\partial V_{vc1}}{\partial P} < 0$，那么 $\dfrac{\partial V_{vc2}}{\partial P} > 0$。

将公式（2-31）中 $\dfrac{\partial V_{vc1}}{\partial \Delta R}$ 右端缩小，得到

$$\frac{\partial V_{vc1}}{\partial \Delta R} > \frac{qC_{vc1}}{PK_1 q - PK_2 q - (1+r)Bq - q\Delta R}$$
$$\times \Bigg\{ \frac{1}{[PK_1 - PK_2 - (1+r)B - \Delta R]q} \ln \frac{[PK_1 - (1+r)B - \Delta R]q - C_{vc2} + C_{vc1}}{PK_2 q - C_{vc2} + C_{vc1}}$$
$$- \frac{1}{PK_1 q - PK_2 q - (1+r)Bq - q\Delta R} \Bigg\} \qquad (2-34)$$

$$\frac{\partial V_{vc1}}{\partial \Delta R} > \frac{qC_{vc1}}{PK_1q - PK_2q - (1+r)Bq - q\Delta R} \times \left(\frac{1}{[PK_1 - PK_2 - (1+r)B - \Delta R]q} \right.$$

$$\times \left\{ \ln \frac{[PK_1 - (1+r)B - \Delta R]q - C_{vc2} + C_{vc1}}{PK_2q - C_{vc2} + C_{vc1}} - 1 \right\} \right) \qquad (2-35)$$

若 $\dfrac{PK_1q - (1+r)Bq - q\Delta R - C_{vc2} + C_{vc1}}{PK_2q - C_{vc2} + C_{vc1}} > e$ 则 $\dfrac{\partial V_{vc1}}{\partial \Delta R} > 0$，那么 $\dfrac{\partial V_{vc2}}{\partial \Delta R} < 0$。

结论5： 商业银行通过投贷联动获得的 ΔR 的大小、项目的成功率 P 都会影响风险投资机构参与投资的意愿，当满足条件 $\dfrac{PK_1q - (1+r)Bq - q\Delta R - C_{vc2} + C_{vc1}}{PK_2q - C_{vc2} + C_{vc1}} >$ e 时，科技型企业开展项目的成功率 P 增加会促进风险投资机构的进行投资，ΔR 增加会减少风险投资机构的收益从而抑制风险投资机构向科技型企业投资的倾向。

（三）科技型企业的演化稳定策略

对科技型企业选择参与融资概率的复制动态方程求偏导可得到：

$$\frac{dF(x)}{dx} = (1-2x)\big[yz\{[PK_1 - (1+r)B - \Delta R](1-q) - C_{e2}\}$$

$$+ y(1-z)[PK_2(1-q) - C_{e2}] + (1-y)z[PK_3 - (1+r)B - C_{e2}]$$

$$+ (1-y)(1-z)(K_4 - C_{e2}) - (K_4 - C_{e1})\big] \qquad (2-36)$$

则若 $z = z^* = \dfrac{(C_{e2} - C_{e1}) - y[PK_2(1-q) - K_4]}{\{y[P(K_1 - K_2)(1-q) - PK_3 + K_4 + (1+r)Bq - \Delta R(1-q)]\\ + [PK_3 - (1+r)B - K_4]\}}$,

此时 $F(x) \equiv 0$，则科技型企业的所有策略都处于稳定状态；若 $z > z^*$，那么 $F'(0) > 0$、$F'(1) < 0$，此时 $x = 1$ 为科技型企业融资策略的稳定点，那么科技型企业倾向于参与融资；若 $z < z^*$，那么 $F'(0) < 0$、$F'(1) > 0$，此时 $x = 0$ 为科技型企业融资策略的稳定点，那么科技型企业倾向于退出融资，即不发起融资请求。

因此科技型企业选择向商业银行、风险投资机构发起融资请求策略概率的演化相位图如图 $2-4$ 所示。

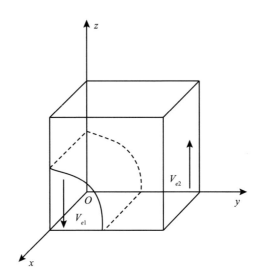

图 2 - 4   科技型企业策略演化相位

由图 2 - 4 可知，V_{e1} 表示科技型企业选择不向商业银行、风险投资机构发起融资请求的策略概率，V_{e2} 表示科技型企业选择发起融资请求策略的概率，二者之和为 1。

$$V_{e1} = \int_0^{\frac{C_{e2}-C_{e1}}{PK_2(1-q)-K_4}} \int_0^1 \frac{(C_{e2}-C_{e1})-y[PK_2(1-q)-K_4]}{y[P(K_1-K_2)(1-q)-PK_3+K_4+(1+r)Bq} \mathrm{d}x\mathrm{d}y$$
$$-\Delta R(1-q)]+[PK_3-(1+r)B-K_4]$$

$$(2-37)$$

$$V_{e2} = 1 - V_{e1} \qquad (2-38)$$

由此得到体积公式为：

$$V_{e1} = \ln \left| \frac{\begin{array}{c}[P(K_1-K_2)(1-q)-PK_3+K_4+(1+r)Bq-\Delta R(1-q)]\times(C_{e2}-C_{e1})\\ +[PK_2(1-q)-K_4]\times[PK_3-(1+r)B-K_4]\end{array}}{[PK_2(1-q)-K_4]\times[PK_3-(1+r)B-K_4]} \right|$$

$$\times \left\{ \frac{C_{e2}-C_{e1}}{[P(K_1-K_2)(1-q)-PK_3+K_4+(1+r)Bq-\Delta R(1-q)]} \right.$$

$$\left. + \frac{[PK_2(1-q)-K_4]\times[PK_3-(1+r)B-K_4]}{[P(K_1-K_2)(1-q)-PK_3+K_4+(1+r)Bq-\Delta R(1-q)]^2} \right\}$$

$$-\frac{C_{e2}-C_{e1}}{P(K_1-K_2)(1-q)-PK_3+K_4+(1+r)Bq-\Delta R(1-q)} \qquad (2-39)$$

当 $P(K_1-K_2)(1-q)-PK_3+K_4+(1+r)Bq-\Delta R(1-q)>0$ 时，可去掉绝对值符号。对于科技型企业退出融资的概率 $(1-x)$（即 V_{e1}）分别关于 C_{e2}、ΔR、P、q 求偏导，可得到：

$$\frac{\partial V_{e1}}{\partial C_{e2}}=\frac{1}{P(K_1-K_2)(1-q)-PK_3+K_4+(1+r)Bq-\Delta R(1-q)}$$
$$\times\ln\left\{\frac{[P(K_1-K_2)(1-q)-PK_3+K_4+(1+r)Bq-\Delta R(1-q)]\times(C_{e2}-C_{e1})}{[PK_2(1-q)-K_4]\times[PK_3-(1+r)B-K_4]}\right.$$
$$\left.+1\right\}>0 \qquad (2-40)$$

$$\frac{\partial V_{e1}}{\partial \Delta R}=\frac{-(1-q)}{[P(K_1-K_2)(1-q)-PK_3+K_4+(1+r)Bq-\Delta R(1-q)]^2}$$
$$\times\left\{2(C_{e2}-C_{e1})-\ln\left\{\frac{[P(K_1-K_2)(1-q)-PK_3+K_4+(1+r)Bq}{[PK_2(1-q)-K_4]\times[PK_3-(1+r)B-K_4]+1}\right\}\right.$$
$$\left.\times\frac{[P(K_1-K_2)(1-q)-PK_3+K_4+(1+r)Bq-\Delta R(1-q)]\times(C_{e2}-C_{e1})}{P(K_1-K_2)(1-q)-PK_3+K_4+(1+r)Bq-\Delta R(1-q)}\right\}$$
$$\qquad (2-41)$$

$$若\frac{\left\{[P(K_1-K_2)(1-q)-PK_3+K_4+(1+r)Bq-\Delta R(1-q)]\times(C_{e2}-C_{e1})\atop +[PK_2(1-q)-K_4]\times[PK_3-(1+r)B-K_4]\right\}}{[PK_2(1-q)-K_4]\times[PK_3-(1+r)B-K_4]}\leqslant$$

e 那么 $\frac{\partial V_{e1}}{\partial \Delta R}>0$。对于 $\frac{\partial V_{e1}}{\partial P}$、$\frac{\partial V_{e1}}{\partial q}$ 的计算原理同上相似，过程较为繁复，因此计算过程不再赘述。

通过对 V_{e1} 求偏导可以得到 $\frac{\partial V_{e1}}{\partial C_{e2}}>0$、$\frac{\partial V_{e1}}{\partial \Delta R}>0$、$\frac{\partial V_{e1}}{\partial P}<0$、$\frac{\partial V_{e1}}{\partial q}>0$，根据 $V_{e2}=1-V_{e1}$，那么 $\frac{\partial V_{e2}}{\partial C_{e2}}<0$、$\frac{\partial V_{e2}}{\partial \Delta R}<0$、$\frac{\partial V_{e2}}{\partial P}>0$、$\frac{\partial V_{e2}}{\partial q}<0$。

结论 6：当风险投资机构拥有的科技型企业的股份 q 增加时，科技型企业的控制权发生大量转移，科技型企业发起融资请求的意愿不再强烈；当商业银行能够分得的额外收益 ΔR 增加时，科技型企业的收益减小，科技型企业倾向于不参与融资；而当科技型企业与风险投资机构、商业银行的合作成本 C_{e2} 减小、项目的成功率 P 增加时，科技型企业更愿意参与融资，为科技型企业争取更多利益空间。

第四节　区域科技金融网络的演化机理

本章第三节从微观视角分析区域金融主体建立连接的影响因素，进一步从宏观视角分析区域科技金融网络的演化机理。"网络演化"是对复杂网络变化过程的一种描述，网络升级过程存在着大量的不确定性和涌现性，其复杂性难以用还原论解释。霍兰（Holland，1995）提出的复杂适应系统（complex adaptive system，CAS）理论使复杂性问题的研究得以深入进行。CAS 理论提出"适应性造就复杂性"，即系统主体可以和其他主体包括外界环境进行交互，并在这种交互过程中，可以不断从其他主体身上以及外界环境"学习"和"积累经验"，并根据所学习到的经验不断修正自身的结构和行为方式，正是主体这种对系统的适应性使得系统越来越复杂。因此利用 CAS 理论能够更好地分析网络升级的复杂演化过程。

在区域科技金融网络的产生及发展过程中，会频繁出现一些网络演化活动，例如，新节点的不断加入以及旧节点的退出，合作关系的建立、转化甚至是消失，节点的自我改善，等等，这些活动在时间维度和空间维度上累积而呈现出网络的复杂变化。复杂系统形成以后，区域科技金融网络要经历成长和完善的过程，即从小到大、从优到劣的过程。参考刘国巍（2014）对产学研合作创新网络演化机理的分析，区域科技金融网络的演化机理主要包括增长机理、择优机理和增效机理，它们共同作用于区域科技金融网络演化整个过程，阐释网络成长和完善的动因。

增长机理是指区域科技金融网络规模不断扩大，包括网络节点和连接关系的增加。根据 CAS 理论，正是由于主体选择合作者、建立和解除合作关系等一系列行为导致网络结构的演化。在区域科技金融网络中，资金需求节点为实现创新活动，存在着不断放大的资金需求；资金供给节点也需要依托实体经济发展。网络主体基于自身的需求，需要建立连接关系。随着时间的推移，只有能适应区域科技金融网络发展的节点存活下来，而实力弱的节点会逐渐被网络淘汰。存活下来的节点不仅提高了区域科技金融网络的科技创新水平，其获得的高额收益还会吸引大量新的节点的涌入，进而促进网络中资金总量的不断提高，最终将会扩大区域科技金融网络的规模。区域科技金融网络的增长机理表明：在区域科技金融网络演化过程中，会伴随着新节点的加入和旧节点的消亡。在网络演化初期，新节点的加入总是大于旧节点的消亡，网络连接关系建立和保持的数量也总是大于连接关系解除的数量，因此网络规模将不断扩大。

择优机理是指网络节点在建立连接关系时会进行适当的选择。良好连接关系的建立是网络升级的关键，而这一过程指的就是网络节点的择优（对合作节点的优先选择）过程。网络节点搜寻可能的关联对象并通过选择过程决定是否"形成"网络连接关系。资金需求节点和资金供给节点之间建立连接关系的直接目的是高效地实现创新活动的成功。理性的网络节点总是希望可以准确地测算出网络连接关系的收益和成本，并以此理性地进行择优选择。但在现实情况中，这一理性选择的过程往往是非标准性的，它还会收到其他因素的干扰，故大多数资金供给节点会考虑资金需求节点的声誉效应。资金需求节点为增大与资金供给节点的合作概率，可以通过建立一些关系途径来提高企业声誉，例如，科技型企业可以积极申报政府扶持的科技计划项目，获得政府财政支持的同时，提升自身信誉度，吸引风险投资、商业银行投资。区域科技金融网络的择优机理表明：网络节点在选择建立连接关系时，首先需要考虑资金需求节点的声誉情况，即综合考虑节点的能力和关系多种因素，其中能力因素主要是科技型企业的创新能力，关系因素主要考察网络节点与其他网络主体的合作关系；然后，通过网络的择优连接作用，资金流实现高效配置，促进创新活动的成功以及科技创新能力的提升。

增效机理是指网络绩效的提升，表现为科技创新和信息等的涌现。区域科技金融网络的涌现主要强调的是众多科技型企业与不同科技金融主体之间进行联系时而呈现出的复杂特性，以整体网络的构架服务于区域科技创新水平的提升。每一个创新主体在区域科技金融网络演化过程中都会产生创新行为以及声誉效应，与之连接的节点可以进行信息传递。但在初期网络中的信息并不是完全公开的，信息随着网络的演化越来越丰富。在整个区域科技创新网络的各主体参与下，正负反馈机制共同作用而促进整体网络创新水平的逐渐涌现，表现为"整体大于部分之和"的效果。当创新主体创新活动失败，会增加负面评价，与之连接的节点基于自身需求和利益会思考是否继续保持连接。科技型企业节点创新活动连续失败或者濒临破产，与之连接的节点就会放弃连接，这是负反馈过程，可以帮助网络剔除一些无法适应网络发展的科技型企业。当创新主体创新目的达成，会增加正面评价，与之连接的节点获得收益，节点之间合作达成且信息更加公开，并开始建立信任等非正式关系。随着区域科技金融网络的不断演化，创新主体在区域科技创新网络的复杂演化中会逐渐丧失自己的优势，不得不进行新的学习，进行新的创新活动，进而又形成新的涌现。区域科技金融网络的增效机理表明：网络通过正负反馈过程，不断促进网络信息的公开，促使网络向着高效有序的方向演化。

第五节　区域科技金融网络演化阶段及特征

参考盖文启（2006）、博斯马和弗伦肯（Boschma & Frenken, 2010）等学者对创新网络演化阶段的划分，本书将区域科技金融网络划分为形成期、发展期和成熟期三个阶段，体现了区域科技金融网络从劣到优、从无序到有序的一个发展过程。进一步从网络规模、网络节点绩效、网络节点关系质量和网络外部环境几个方面来分析区域科技金融网络不同演化阶段的特征。其中，网络规模指网络核心节点数量（科技型企业与科技金融机构数量）与网络边权总量（科技金融机构对科技型企业投资资金总量）；网络节点绩效指科技型企业总体创新能力与科技金融机构平均收益；网络节点关系质量指科技型企业与科技金融机构之间的信任、承诺与满意度情况；网络外部环境主要指政府公共政策有效性及中介机构培育情况。区域科技金融网络演化过程及其阶段性特征如图 2 - 5 所示。

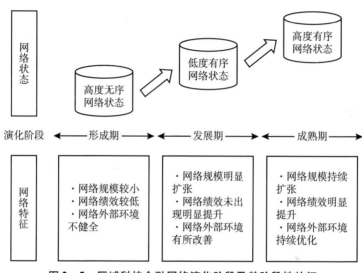

图 2 - 5 区域科技金融网络演化阶段及其阶段性特征

（一）形成期

区域科技金融网络的形成阶段，网络中的资金供需节点的数量比较少，在演化初期，科技型企业创新能力较低，资金缺口较大，由于科技创新活动的高风险以及信息不对称等情况，科技金融机构数量以及投资金额均受到较大限制，节点间关系质量较差，各节点间并未形成大规模的网络连接。网络中的科技型企业实力参差不齐，网络信息公开程度低，即使创新能力较强的企业也可能面临严重的资金缺口从而放弃创新活动。外部环境方面，政府公共政策支持以及中介服务机构体系相对较弱。该阶段核心特征为：网络节点数量及网络边权总量等网络规模指标较小，科技型企业与科技金融机构网络节点绩效较低，节点间关系质量较差，网络外部环境不健全。

（二）发展期

区域科技金融网络处在形成期，若没有强有力的公共政策支持，区域科技金融网络将始终处于形成期状态，甚至持续萎缩直至消亡。在区域政府对科技创新重视的条件下，通过财政资金扶持及其他政策，促使科技型企业节点数量与创新资金需求的增加，进而为科技金融机构的发展提供基础土壤。同时，网络外围新的节点出现，如科技保险、企业信用评级中介等新的科技金融网络金融服务主体，网络环境逐渐完善，缓解了资金供需节点间的信息不对称情况。区域科技金融网络结构的变化体现在节点之间连接数量的增多，连接形式也变得多元化，同时也伴随着网络节点之间连接趋向有序，资金流动效率得以提高。在该阶段，网络节点数量以及边权总量的网络规模指标出现快速提升，网络节点中科技型企业总体创新能力开始提升，科技金融机构平均收益与网络节点关系质量提升较为缓慢，网络外部环境有一定改善。

（三）成熟期

在政府公共政策科学有效的前提下，科技型企业创新能力不断提升，为科技金融机构投资收益提供保证，网络环境不断优化，科技金融机构通过投资项目评估，进一步保证了资金的配置效率，实现双方在市场机制下有效匹配，区域科技金融网络步入成熟期阶段；反之，若政府公共政策有效性不高的情况下，在政府带动下的区域科技金融网络规模扩张，仅仅是短时期现象，即科技型企业与科技金融机构仅仅出现单次连接，由于创新收益较低、道德风险、合作不满意等原因，某一方或双方断开，区域科技金融网络规模扩张难以为继，网络节点绩效提升缓慢，网络状态持续处于发展期状态，甚至向低级演化。为此，只有在政府公共政策有效的条件下，区域科技金融网络才能进入成熟阶段，在该阶段，网络规模仍持续扩张，企业整体科技创新能力与科技金融机构平均收益的网络节点绩效指标较快提升，网络节点关系质量持续改善，节点相互信任、投融资满意度较高，并且愿意长期投融资合作，政府公共政策与日益完善的中介服务机构体系保障了网络外部环境的有效性。

由上述分析可知，区域科技金融网络形成期与发展期需要政府公共政策的有效扶持，通过网络规模、网络节点绩效、网络节点关系质量和网络外部环境的持续改善实现网络优化升级。

第三章

区域科技金融网络绩效测度

在分析区域科技金融网络形成与演化机理的基础上，构建区域科技金融网络绩效评价体系，测度区域科技金融网络发展状态，为政府推进区域科技金融网络演化升级提供依据。

第一节　区域科技金融网络绩效的内涵

对绩效概念的界定学术界并未形成统一的范式，究其原因在于研究对象本体属性的不同以及研究视角的差异，呈现出争论多、涉及学科多和标准多的研究现状。现有研究对绩效内涵的分析依据研究目的、研究对象与研究方法不同而结论有所差异，并形成结果绩效、行为绩效及结果与行为绩效等主流学派。对于网络组织而言，组织绩效需要体现目标明确且过程复杂多变与多主体参与的过程特性。因此，对网络组织目标的明确以及组织运营过程内部互动行为效果的探究是解释网络组织绩效的关键问题。

组织绩效是对目标实现程度的一种度量。李和卡夫斯基尔（Lee & Ca-vusgil，2006）最早将这一概念延伸到组织间合作效率的研究，认为网络联盟绩效是由网络主体绩效、协作绩效与互动关系质量所构成的非线性集。我国学者刁晓纯和苏敬勤（2008）基于种群生态理论对网络运作绩效内涵作了界定，不同市场主体在网络协作框架内，互相依赖、互相补充、资源共享、共担风险，通过一系列协同互动的交互作用所增加和创造的价值总和。孙斐（2017）认为网络治理绩效涵盖生产绩效、运行绩效与关系绩效三个方面，并基于公共价值管理理论构建网络治理绩效评价框架。虽然上述学者对网络绩效诠释的侧重点不同，但核心观点均体现了学者们对网络绩效的理解都是对网络效力与效率的综合评价，即网络组织成员共同遵守约定和协议，并在此基础上实现网络自我运作。因此，本书并不对网络绩效、网络运作绩效以及网络治理绩效作进一步区分，仍是延续学者们"目标—基础—途径—结果"等要素间逻辑关系界定的范式探究区域科技金融网络绩效。

区域科技金融网络以提升网络规模为目标，即实现市场机制下科技金融网络节点持续增加以及网络间资金流持续增加。为实现这一目标，一方面，需要更多的投融资节点积极进入区域科技金融网络，建立起新的网络连接；另一方面，原有投融资合作过程中，投融资节点满意度较高，在合作之后，网络节点仍选择继续留在区域科技金融网络。作为网络核心节点，科技型企业融资满意度取决于企业能否以合理的时间成本、资金成本获得所需创新资金，而科技金融机构投资满意度取决于投资的回报与风险的高低（徐玉莲和王玉冬，2020）。若投资收益较低，双方合作不满意，科技型企业或者科技金融机构退出网络，节点边连接断裂；若投资收益较高，双方合作均满意，科技型企业将选择加大研发经费投入，科技金融机构将选择继续投资，双方投融资金额增加，体现为网络节点边权的增加，而双方投融资合作的财富示范效应，吸引更多的科技型企业与科技金融机构进入网络，整体上体现为区域科技金融网络稳健持续增长。

第二节　区域科技金融网络绩效评价指标体系

一、评价指标体系构建原则

区域科技金融网络最根本的价值就是整合各类资源，实现科技金融主体与科技创新主体以网络化形式高效投融资合作。与单一创新企业与科技金融机构合作不同，它是一个更加复杂的、交互的动态过程，涉及网络外部环境的变化以及利益相关者的需求，各种需求和条件在网络内部各主体间进行持续的反馈和博弈。因此在基于以上选定的评价目的和主要内容的基础上，对区域科技金融网络绩效的评估需要一个整体的方法，特别是在设计指标体系这一关键环节上要力求科学合理，需要遵循以下原则。

第一，网络特性原则。区域科技金融网络具有典型的网络特性，在投融资合作中，网络绩效与网络主体间的交互行为密切相关。在设计评价指标体系时，要充分关注其网络特性，既要考虑网络整体规模和结构，又要充分体现行为主体间的交互行为与协同效应。

第二，系统性原则。区域科技金融网络的评价会受到各种因素的影响，既包括网络内部结构，又有外部环境，因此为了全面、客观、合理地评价区域科技金融网络绩效，必须采取系统性的设计和评价原则。从系统的观点出发，指标体系作为一个系统，要注意它的三个特点，即指标体系的多元性、相关性与整体性。

第三，结果导向与过程评估相结合的原则。区域科技金融网络绩效评估一方面要考察区域科技金融网络的节点与整体产出情况，还要对影响该产出的过程进行评价，即对面向结果和产生结果过程进行综合评价，反映出评价的全面性。

第四，简明、可操作性原则。区域科技金融网络指标体系的设置是对复杂系统的一种简化，必须体现简明、可操作性原则。要用尽可能少的指标全面反映系统的主要特性，同时要避免指标所反映问题的重复性。可操作性原则主要是考虑指标的资料、数据是否容易获取，指标是否容易量化，而且要尽可能保证指标的可信度。

二、网络绩效评价指标体系维度

区域科技金融网络绩效评价包括四个维度，包括网络规模、网络节点绩效、网络节点关系质量与外部信息环境（徐玉莲和张思琦，2020）。其中网络规模为产出维度，该维度既包括网络节点数量的增加，也包括节点间资金流的增加。而网络节点绩效和网络节点关系质量作为影响网络规模的因素，直接影响区域科技金融网络规模的扩大。网络节点绩效体现为科技型企业与科技金融机构的收益情况，作为追求利润最大化的企业，二者围绕科技创新活动的投融资收益决定了其是否继续在网络中。如果二者收益较高，则科技型企业继续加大创新力度，不断增加研发经费，向科技金融机构申请融资，而科技金融机构在利益驱动下，持续为科技型企业注入资金，表现为网络节点间边权的增加；相反，如果二者的收益较低，甚至亏损，则科技型企业与科技金融机构可能退出围绕科技创新进程的投融资活动，二者间网络连接断裂，表现为区域科技金融网络规模的萎缩。网络节点关系质量表现为科技型企业与科技金融机构的信任与满意度，科技型企业在融资过程中，能够以合理的时间成本与资金成本获得其所需资金，科技金融机构能够以合理的调查成本对科技型企业创新项目的风险进行较好的考量，在信任的前提下，双方投融资过程中的交易成本合理，有利于科技型企业与科技金融机构建立网络连接，从而增加区域科技金融网络节点的数量。有效而通畅的信息是网络节点关系质量的重要决定要素，为此加入了网络外部信息维度。科技金融网络外部信息环境主要指网络辅助节点为科技型企业与科技金融机构投融资过程提供的信息数量及有效性等，信息的生产与传播载体具体包括政府公共信息平台、市场中介服务机构及企业信用体系等。在网络外部信息环境较完善条件下，科技型企业与科技金融机构投融资信息、信用信息等可以较容易获取，大大降低双方建立合作关系的搜寻成本与合作过程中的监督成本，从而大大提升网络节点关系质量；相反，在网络外部信息环境较差的条件下，科技型企业与科技金融机构需要花费大量的时间和人力搜寻、筛选合作伙伴，较为频繁的沟通接触对合作方进行监督，由于缺少外在的有效信息，双方的信任与承诺也会受到外在不确定性的影响，从而降低网络节点关系质量。区域科技金融网络绩效维度框架，如图 3-1 所示。

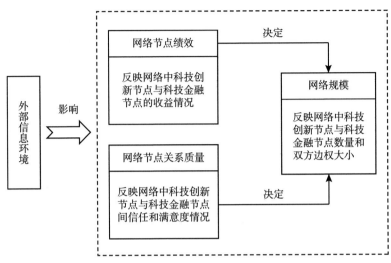

图3-1 区域科技金融网络绩效评价维度

三、网络绩效评价具体指标

根据区域科技金融网络绩效的内涵及测量维度分析，建立区域科技金融网络绩效评价指标体系，如表3-1所示。

表3-1　　　　　区域科技金融网络绩效评价指标体系

目标	一级指标	细分维度	二级指标
提升区域科技金融网络绩效U	网络规模B1（0.33）	网络节点数量	创新企业数量X1（0.28）
			风险投资机构数量X2（0.19）
			商业银行数量X3（0.15）
		网络边权情况	风险投资机构投资金额X4（0.21）
			商业银行科技贷款数量X5（0.17）
	网络节点绩效B2（0.24）	企业创新收益	企业新产品销售收入X6（0.35）
		金融机构投资收益	商业银行科技贷款利润X7（0.31）
			风险投资机构投资收益X8（0.34）

续表

目标	一级指标	细分维度	二级指标
提升区域科技金融网络绩效 U	网络节点关系质量 B3 (0.26)	网络节点信任	投融资伙伴是坦率的、诚实的 X9 (0.16)
			投融资伙伴所提供的信息是可信的 X10 (0.15)
		网络节点满意度	企业获得融资的时间成本合理 X11 (0.17)
			企业获得融资的资金成本合理 X12 (0.18)
			机构对创新活动投资的风险较低 X13 (0.18)
			机构与科技型企业间的信息不对称程度较低 X14 (0.16)
	网络外部信息环境 B4 (0.17)	信息生产	地区企业信用体系建设良好 X15 (0.37)
		信息传播	政府公共平台提供了全面的投融资信息 X16 (0.27)
			地区市场中介服务机构发展完善 X17 (0.36)

注：（ ）内数据为计算结果。

网络规模分为网络节点数量和网络边权情况（即网络节点间资金流）。网络节点数量包括区域科技金融网络内创新企业数量、风险投资机构数量和商业银行数量。区域科技金融网络内节点间资金流，包括风险投资机构对科技型企业的投资金额和商业银行对科技型企业的贷款金额。

网络节点绩效包括企业创新收益与金融机构投资收益。科技成果产业化代表企业研发投入转化为效益，为此用企业新产品销售收入衡量企业创新收益；用商业银行科技贷款利润和风险投资机构投资收益衡量科技金融机构投资收益。

网络节点关系质量从网络节点信任与网络节点满意度两个角度衡量网络节点关系质量。网络节点信任包括投融资双方坦诚沟通、提供的信息是可信任的；节点满意度包括创新企业获得融资的资金成本与时间成本合理，金融机构认为投资风险可控、信息不对称程度较低。

网络外部信息环境包括信息生产与信息传播。包含地区企业信用体系建设良好、政府公共平台提供了全面的投融资信息、地区市场中介服务机构发展完善。

第三节　区域科技金融网络绩效评价方法

一、指标权重确定

层次分析法（AHP）是确定指标权重的重要方法，但在应用过程中，由于主观判断的模糊性，尤其当某一层次评价指标很多时（如四个以上），其判断矩阵一致性难以检验。将模糊集合理论与层次分析法的优势结合起来形成的模糊层次分析法（FAHP），能够很好解决这一问题。

（一）建立模糊互补判断矩阵

在模糊层次分析中，作因素间的两两比较判断，采用一个因素比另一个因素的重要程度来定量表示，若判断矩阵 $A = (a_{ij})_{n \times n}$ 满足 $0 \leqslant a_{ij} \leqslant 1$、$a_{ij} + a_{ji} = 1$、$a_{ii} = 0.5$（$i, j = 1, 2, \cdots, n$），则该矩阵称为模糊互补判断矩阵。邀请20位科技管理与科技金融专家，采用 $0.1 \sim 0.9$ 标度法对各级指标的重要程度进行判断，一级指标的模糊互补判断矩阵如表 3-2 所示（由于篇幅限制，仅列出专家1的判断矩阵 $A^{(1)}$）。

表 3-2　　　　　　　　一级指标模糊互补判断矩阵 $A^{(1)}$

指标	B1	B2	B3	B4
B1	0.5	0.7	0.7	0.8
B2	0.3	0.5	0.5	0.7
B3	0.3	0.5	0.5	0.7
B4	0.2	0.3	0.3	0.5

（二）求权重向量

利用徐泽水（2001）推导的求解模糊互补判断矩阵权重的计算公式 $w_i = \dfrac{\sum\limits_{j=1}^{n} a_{ij} + \dfrac{n}{2} - 1}{n(n-1)}$，$i = 1$，$2$，$\cdots$，$n$，通过行和归一化法求得专家 1 对各一级指标的权重向量 $w^{(1)} = [0.31，0.25，0.25，0.19]$。

（三）一致性与相容性检验

专家 1 给出的权重值是否合理，还需要进行一致性与相容性检验。构建模糊判断互补矩阵 $A^{(1)}$ 的权重矩阵 $W^{(1)} = (w_{ij}^{(1)})_{n \times n}$，其中 $w_{ij}^{(1)} = w_i^{(1)} - w_j^{(1)} + 0.5$，计算一致性指标 $CI(A^{(1)}, W^{(1)}) = \dfrac{1}{n^2} \sum\limits_{i=1}^{n} \sum\limits_{j=1}^{n} |a_{ij}^{(1)} - w_{ij}^{(1)}| = 0.08 < 0.1$，可得出结论，判断矩阵 $A^{(1)}$ 满足一致性检验要求。按上述步骤计算得出其他 19 位专家一级指标的权重向量，并逐一进行一致性检验。最后检验 20 位专家模糊互补判断矩阵的相容性指标 $CI(A^{(t)}, A^{(p)}) \leqslant 0.1$（$t$，$p = 1$，$2$，$\cdots$，30，且 $t \neq p$）是否成立。对于不满足一致性与相容性要求的评判意见，反馈给专家，给予重新评判。一级指标的综合权重为 20 位专家权重向量的均值向量，即 $\bar{w} = \sum\limits_{k=1}^{20} \lambda_k w^{(k)} = [0.33，0.24，0.26，0.17]$，取 $\lambda_1 = \lambda_2 = \cdots = \lambda_{20} = 1/20$。

同理，按照上述步骤计算 17 个二级指标的权重，计算结果见表 3-1。

二、网络绩效评价方法

（一）问卷调查法

区域科技金融网络绩效评价指标中，二级指标 X1~X8 为定量指标，来源于区域科技金融网络发展实际数据。二级指标 X9~X17 为定性指标，利用问卷调查获得。调查问卷采用 Likert 5 级量表，对于每一个测量题项，1~5 分分别表示从"完全不同意"到"完全同意"，问卷主要内容如表 3－3 所示。

表 3－3　　　　　　　区域科技金融网络绩效指标调查问卷

测量题项	完全不同意→完全同意				
投融资伙伴是坦率的、诚实的	1	2	3	4	5
投融资伙伴所提供的信息是可信的	1	2	3	4	5
企业获得融资的时间成本合理	1	2	3	4	5
企业获得融资的资金成本合理	1	2	3	4	5
机构对创新活动投资的风险较低	1	2	3	4	5
机构与科技型企业间的信息不对称程度较低	1	2	3	4	5
地区企业信用体系建设良好	1	2	3	4	5
政府公共平台提供了全面的投融资信息	1	2	3	4	5
地区市场中介服务机构发展完善	1	2	3	4	5

（二）模糊综合评价法

现实世界中的部分事物可以根据某种精确的标准对它们进行界限明确的认识，从而得出明确的是非断言。这类事物称为"清晰事物"。然而有一类事物无法找出它们精确的分类标准，不可能给出是或不是、属于或不属于等断言。事物的这种不清晰类属称为"模糊性"，模糊是指边界不清楚，而这种边界不清的模糊概念，不是人为造成的，而是事物的一种客观属性，是两个点状态之间的过渡模拟量。

1965 年，美国控制论专家扎德（Zadeh L A）首先提出了模糊集合的概念，利用隶属函数和隶属度来对模糊集合进行量化，从而利用精确的数学方法去分析和处理模糊信息，从此模糊数学在生产生活的实践中得到广泛的应用，模糊综合评价方法（fuzzy comprehensive evaluation）就是其中很重要的一个应用。模糊综合评价方法主要针对被评价对象的复杂性及其评价指标的模糊性，采用模糊数学理论与技术，对受多种因素影响的评价对象进行综合评价，进而得到评价结果。它是非线性评价的一种方法，是模糊数学理论在实际中的重要应用之一。模糊综合评价方法的主要步骤如下：

（1）确立评价对象集，评价指标集与评判集。根据实际需要确立评价对象集：$O = \{o_1, o_2, \cdots, o_l\}$，评价指标集：$U = \{u_1, u_2, \cdots, u_m\}$，评价集：$V = \{v_1, v_2, \cdots, v_m\}$。这里，$O$ 代表所要评判的对象，U 代表构成评判的多个评价指标，V 代表由多个评价指标得出的评价判断。

（2）建立 m 个因素的权重分配向量。U 中各元素 u，即各个评价项目所包含的子因素，影响程度是不一样，说明 U 中诸因素之间有不同的权重，可将其表现为 U 上的一个模糊子集 A，因素 u 的权重记为 $A(u)$，可称之为 U 中元素 u 对 A 的隶属度。集合 $\{A(u_i), i = 1, 2, \cdots, m\}$ 叫作权数分配集合，其中 $A(u_i) \geqslant 0$，且 $A(u_1) + A(u_2) + \cdots + A(u_m) = 1$。

（3）通过单因素模糊评价确定指标隶属度向量矩阵。隶属度向量矩阵又称为评判矩阵，它是对评价因素集 U 内诸评价因素进行评判的一种模糊映射，反映了各评价因素与评价集之间的关系，即 $U \rightarrow V$ 模糊映射所形成的模糊矩阵就是隶属度向量矩阵 R。

$$R = \begin{bmatrix} R_1 \\ R_2 \\ \vdots \\ R_m \end{bmatrix} = \begin{bmatrix} r_{11} & r_{12} & \cdots & r_{1n} \\ r_{21} & r_{22} & \cdots & r_{2n} \\ \vdots & \vdots & & \vdots \\ r_{m1} & r_{m2} & \cdots & r_{mn} \end{bmatrix}$$

隶属度向量矩阵表示专家根据各评价指标的评价分值对指标所属等级的综合考察结果，矩阵中的元素可表示为：

$$r_{ij} = \frac{k_{ij}}{s} \tag{3-1}$$

其中，s 为参加评价的专家总数，k_{ij} 表示有 k 个专家认为第 i 个底层指标属于第 j 个等级。一般将其归一化使之满足 $\sum_{i=1}^{n} r_{ij} = 1$。

（4）进行复合运算得到综合评价结果。

$$B = A \times R = \begin{bmatrix} b_1 & b_2 & \cdots & b_n \end{bmatrix}$$

模糊综合评判是通过隶属度向量矩阵 R 将权重分配向量 A 转变成等级模糊向量 B。$A \times R$ 采取不同的计算形式，可得到不同的综合评判数学模型。一般采取的模糊算子有四种，$M(\wedge, \vee)$、$M(\bullet, \vee)$、$M(\bullet, \oplus)$ 和 $M(\wedge, \oplus)$，本书选取 $M(\bullet, \oplus)$ 算子，即

$$b_j = \min\left\{1, \sum_{i=1}^{n} (a_i \times r_{ij})\right\} \qquad (3-2)$$

（5）根据最大隶属度原则，判定评价对象所属评判等级。对于 $b_k \in B$，即 B 向量的第 k 个分量，若 $b_k \in \max(b_1 \quad b_2 \quad \cdots \quad b_n)$，则评价对象属于第 k 等级。

当评判系统比较复杂时，可以把因素集按特征分成若干类。在对区域科技金融网络绩效评价时，可以就网络规模、网络节点绩效、网络节点关系质量和外部信息环境等方面进行考虑，在它们之间有权重分配，可以进行综合评判。而每个方面的单因素又是低一层次的多因素综合的结果，例如，网络节点关系质量又受节点间信任与满意度等具体因素综合影响。同样，低一层次的单因素判断也可以是更低层次的多因素综合。对于这种多层次的模糊综合评判模型，首先从最低层次的单因素模糊评价开始，确定其隶属度矩阵，利用模糊算子，逐层向上复合运算，最终可得出评判对象的绩效等级。

第四章
区域科技金融网络演化升级的
政策调控机理

区域科技金融网络的升级对区域创新经济发展提供有效助力，由区域科技金融网络演化过程分析可知，在网络演化的关键节点，政府公共政策发挥着至关重要的作用，是网络升级或者退化的关键因素。

第一节　政策介入区域科技金融网络升级的动因

区域科技金融网络升级的内部动力为科技型企业与科技金融机构对创新活动高额利润的渴望与追求。科技金融机构将资金源源不断地投入有潜力的科技型企业，科技型企业创新成功的收益与科技金融机构共享，财富示范效应将促使资金供需节点之间的边权增加，并吸引更多的网络节点加入。

但是科技创新活动的高风险和节点间的信息不对称极大地阻碍了区域科技金融网络的发展。首先，科技创新活动的高风险。科技创新活动的高风险性一直让创业者和投资者望而却步。创新活动的高技术性和高风险性大大增加了其失败率，在创新研发、中试、生产、推广以及产业化过程中，任一环节出现问题都可能导致科技创新失败。同时对科技金融机构而言，意味着所有的投资和努力都付之东流。科技创新的高风险阻碍了科技型企业进行创新的动力以及商业银行等风险厌恶投资主体的参与。其次，节点间信息不对称。科技型企业与科技金融机构之间存在着的信息不对称情形。科技型企业有好的创新项目，在缺乏对科技金融机构投资信息的条件下，难以获取创新项目所需的资金；科技金融机构对科技型企业缺乏了解，难以筛选出最优的科技创新项目，并可能导致其减少科技金融投资规模。节点间信息不对称进一步产生道德风险问题，例如，科技型企业融资之后，违反双方投融资协议，私自改变资金用途，或者隐瞒投资收益，逃避偿付义务，以及对资金的使用效益漠不关心或懈怠经营，使得融资资金发生损失。

因此，政府有必要介入区域科技金融网络，来弥补市场失灵的部分。通过直接资助、税收减免等政策手段鼓励区域科技型企业积极开展创新活动，实现区域科技金融网络创新能力水平的快速提升。但由于政府财政资金的有限性，难以满足区域内科技创新活动尤其是产业化阶段的资金需求，为最大限度发挥政府财政手段的引导带动效果，政府通过建立创业投资引导基金、政策性担保等手段鼓励科技金融机构投资，引导社会资本流向科技创新领域。政府力量促使区域科技金融网络的资金供需节点发生资金流连接。

此外，科技金融网络发展具有正向外部效应。所谓外部效应是指在市场活动中没有得到补偿的额外成本或额外收益，其中没有获得相应报酬的情况即为正的外部效应。区域科技金融网络发展意味着金融资本向创新领域集聚，科技型企业的创新产出增加。根据经济学中对于外部效应的上述定义，科技金融网络发展显然具备明显的正向外部效应。这种正的外部效应会使其他企业和整个社会受益，网络中科技型企业开展的创新活动不仅可以提升自身的竞争优势，而且还通过模仿和扩散带动产业技术升级以及产业结构的升级换代，进而实现国家与地方经济的结构优化，促进了经济的增长，从而提升了全社会的福利水平。区域科技金融网络的上述正外部效应使它具有某种"公共产品"的性质，为政府的公共政策介入提供依据。

第二节 区域科技金融网络升级的政策体系框架

一、政策的目标

依据本书第二章第五节"区域科技金融网络演化阶段及特征"分析，得出政府公共政策的总体目标与具体目标。

（一）政策总体目标

政府公共政策促进科技型企业与科技金融机构进入区域科技金融网络，实现网络由低级向高级阶段演化。如果区域科技金融网络处于形成期阶段，政策目标为推进网络升级演化至发展阶段；如果网络处于发展阶段，则政策目标为网络升级至成熟阶段。

（二）政策具体目标

（1）促进区域科技金融网络规模扩张，网络节点数量与网络边权总量快速增长。

（2）提升区域科技金融网络绩效，企业总体创新能力提升，科技金融机构平均收益增加，资金供需节点关系质量持续改善、相互信任、彼此满意，愿意开展长期合作。

（3）外部环境持续改善，资金供需节点所需的信息充分有效，有利于投融资双方进行科学决策，为网络规模扩张与网络绩效提升提供信息环境支持。

二、政策工具分析

政策工具是政策研究领域的重要研究内容，是政策动态分析在工具科学层面的细化与深化（Borrás & Edquist，2013）。从扶持对象、政策内容与网络演化阶段三个维度分析区域科技金融网络演化的政策工具，如图4-1所示。扶持对象即网络核心节点，包括资金需求节点（科技型企业）与资金供给节点（科技金融机构）。网络演化阶段即区域科技金融网络的形成期、发展期与成熟期三个阶段。政策内容涵盖财政直接投入、税收优惠与信息共享三个方面。结合扶持对象，围绕政策内容维度，对区域科技金融网络相关政策工具进行梳理。

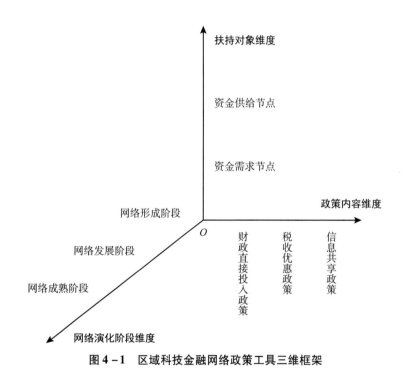

图4-1　区域科技金融网络政策工具三维框架

（一）财政直接投入政策

按照投入方式可分为无偿资助类、股权投资类与金融引导类三种政策工具。

（1）无偿资助政策扶持对象为科技型企业，可分为前补助和后补助。后补助是一种以奖代补的激励性支付，只有在完成特定研发任务后方可获得。

（2）股权投资类包括直接股权投入类和间接股权投入类：股权直接投入政策是财政资金作为直接资本金注入科技型企业中，如成立国有风险投资公司；间接股权投入政策是财政资金形成引导基金母基金，向民营风险投资公司进行股权投资，以鼓励民营风险投资公司对科技型企业进行股权投资。

（3）金融引导政策旨在发挥市场机制，撬动金融资本和社会资金，主要包括贷款贴息、风险补偿等。

（二）税收优惠政策

根据扶持对象，可分为针对科技型企业的税收优惠政策与科技金融机构的税收优惠政策。

（1）科技型企业的税收优惠政策。企业研发费用加计扣除政策可以将创新活动中实际发生的研发费用，按照相应比例，从纳税所得额中扣除，以此激励科技型企业加大研发投入，同时，经认定为高新技术企业的企业，依法可按15%的税率征收企业所得税。

（2）科技金融机构税收优惠政策。风险投资机构可以按照对初创科技型企业投资额的一定比例抵扣机构经营所得；商业银行发放科技贷款的利息收入可减免企业所得税。

（三）信息共享政策

鉴于信息在区域科技金融网络节点投融资决策的重要性，信息共享政策包括建立政府公共信息平台及中介服务机构培育两个方面。政府公共信息平台提供资金供需节点相关信息及政府科技计划项目相关信息，中介服务机构中知识产权评估机构、信用评级机构、会计师事务所等涵盖了知识产权价值、企业信用及财务信息真实性等跨领域信息。

三、政策作用机理框架

区域科技金融网络演化的政策作用路径框架如图4-2所示。政府基于区域科技金融网络演化所处阶段，利用财政直接投入、税收优惠与信息共享等政策工具，鼓励更多的科技型企业与科技金融机构进入网络成为资金供需节点，并促使二者成功建立连接，并通过外部信息环境改善，提升资金供需节点间的关系质量，以保证二者连接长期有效，即科技型企业与科技金融机构均有意愿长期投资创新领域，最终目标为推进区域科技金融网络从低级向高级演化。

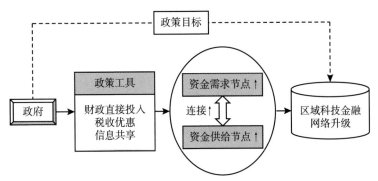

图4-2　区域科技金融网络的政策作用路径框架

第三节　财政直接投入政策的作用机理

一、无偿资助与股权直接投入政策

财政直接投入政策中无偿资助与股权直接投入政策的扶持对象均为科技型企业，二者政策作用机理近似，如图4-3所示。科技型中小微企业是科技型企业中风险最高的群体，在科技金融体系发展较为落后的条件下，获取市场化资金非常困难，为此，财政资金为其提供一定数量的无偿资助额或以股权直接投入的方式入股企业，以鼓励科技型中小微企业创立与发展，从而增加区域科技金融网络的需求节点数量及资金需求总量。对于区域内科技创新

3

发展态势良好的优势企业，亦可以获得政府直接股权投资扶持或者无偿资助（如知识产权奖励、研发机构奖励等），以鼓励区域内优势企业发挥其创新带动作用，发挥技术扩散优势，从而增加资金需求总量，并提高区域内企业整体创新能力。上述两类政策促进资金需求节点数量与资金需求总量增加，实现区域科技金融网络规模的扩张，进而提高区域内企业整体创新能力，实现网络绩效的提升。

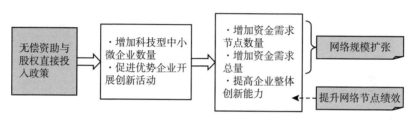

图4－3　无偿资助与股权直接投入政策作用机理

这两类政策工具可能存在的问题是政府与科技型企业之间的逆向选择及道德风险行为（徐玉莲，2012）。政府以企业身份、规模甚至是与政府的亲疏关系等来选择政策扶持对象，结果可能是创新能力真正较强的企业未获得财政投入补贴。科技型企业与政府相比占有更大的信息优势，企业在获得财政资金之后，可能产生道德风险，即将创新资金挪作他用，通过引进技术替代自主研发等。而政府作为政策的制定者，限于管理人员数量及能力的限制，难以在政策实施的全程对企业进行有效的监督。

二、股权间接投入政策

股权间接投入政策的扶持对象为风险投资机构，其政策作用机理如图4-4所示。创业投资引导基金是政府股权间接投入政策的典型代表，是由政府设立并按照市场化方式运作的政策性基金，以参股方式，吸引社会资本共同设立风险投资机构。引导基金参股风险投资机构形成的股权，退出时转让价格仅参考人民银行公布同期的存款基准利率计算的收益确定，让利于风险投资机构。为此，该政策有利于增加区域内风险投资机构的数量。同时，作为政府参股的必要条件，风险投资机构部分投资项目需考虑区域创新系统发展，有利于风险投资机构开展创新领域投资，从而增加资金供给节点的数量与资金供给总量，实现区域科技金融网络规模的扩张。

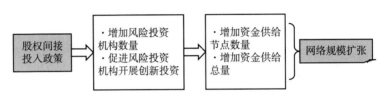

图4-4 股权间接投入政策作用机理

股权间接投入政策工具的优势是有利于发挥市场机制的优势，利用风险投资机构的投资项目评估经验与管理经验，提高政府财政资金配置效率（赵文洋等，2017）。该政策工具的作用存在争议：支持方认为在风险投资发展初期，设立政府引导基金可以开创一个良性循环，为社会资本后期进入风险投资市场铺平道路；而反对方认为，政府资金只是社会资金的替代，设立政府引导基金并不能引导社会资本进入风险投资市场，反而会挤出社会资本。杨敏利等（2014）研究发现，在风险投资发展成熟的省份，设立政府引导基金会挤出社会资金，但在风险投资发展落后的省份，设立政府引导基金对社会资金有一定的引导作用。

三、金融引导类政策

金融引导类政策主要包括贷款贴息政策和风险补偿政策。贷款贴息政策扶持对象为科技型企业与商业银行，政策作用机理如图4-5所示。由于只有当科技型企业获得银行贷款时，才获得贷款贴息贷款，因此，如果企业创新研发收益不足以抵消贷款成本时，企业不会申请科技贷款来开展创新活动。

为此，贷款贴息政策通过降低科技型企业贷款成本，促使科技型企业申请新的科技贷款，体现了该项政策对科技型企业研发经费投入的挤入效应（徐玉莲等，2017）。与无偿资助政策不同，贷款贴息不仅减轻了科技型企业的利息负担，还能帮助企业释放有利信号，有助于企业申请到银行科技贷款。由此可知，该政策同时增加资金需求与供给总量，提高企业整体创新能力，并有利于增加银行收益，实现区域科技金融网络的规模扩张，提升网络绩效。

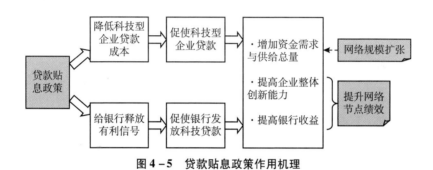

图 4 – 5　贷款贴息政策作用机理

风险补偿政策的扶持对象为科技金融机构，包括商业银行科技信贷风险补偿和风险投资机构风险补偿，政策作用机理如图 4 – 6 所示。政府对商业银行科技贷款损失额与风险投资机构投资损失提供一定比例的补偿，通过减少科技金融机构的创新投资损失，促进商业银行开展科技贷款、风险投资机构开展创新贷款，从而增加资金供给总量，实现区域科技金融网络规模的扩张。

图 4 – 6　风险补偿政策作用机理

第四节　税收优惠政策的作用机理

一、科技型企业税收优惠政策

作为普惠性税收优惠政策，研发经费加计扣除政策是科技型企业税收优惠的典型政策工具，科技型企业开展研发活动中实际发生的研发费用，按照一定比例，从企业应缴纳税所得额中扣除，政策作用机理如图4-7所示。该政策通过研发支出减轻企业所得税负从而诱导激励企业开展创新活动，从而增加资金需求总量，提高科技型企业创新能力，同时，该政策可以增加科技型企业利润，从而使得参股企业的股权投资类科技金融机构收益增加，实现区域科技金融网络规模的扩张，提升网络绩效。

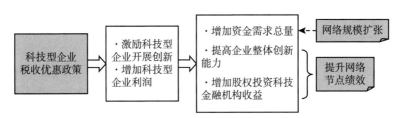

图4-7　科技型企业税收优惠政策作用机理

二、科技金融机构税收优惠类政策

科技金融机构税收优惠政策包括风险投资机构税收优惠政策与商业银行科技贷款利息的税收优惠政策，风险投资机构税收优惠政策作用机理如图4-8所示。风险投资机构可以按照其创新投资额的一定比例抵扣机构经营所得，并可以享受所得税优惠政策，从而增加风险投资机构利润，鼓励风险投资机构开展创新投资，从而增加资金供给总量，提高风险投资机构收益，实现区域科技金融网络规模扩张，提升网络绩效。商业银行科技贷款利息的税收优惠政策作用机理与图 4 - 8 大体相似。

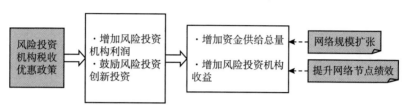

图 4 - 8 风险投资机构税收优惠政策作用机理

第五节 信息共享政策的作用机理

在区域科技金融网络节点对接过程中，信息不对称是阻碍节点间连接的关键因素，包括：科技型企业的融资信息与科技金融机构投资信息彼此不知情；科技型企业经营者的能力、信用状况如何；创新项目的潜在回报率与风险情况；等等。解决信息不对称有赖于政府信息传播平台及培育市场服务中介，完善投融资外部信息环境。

一、公共信息平台政策

外部信息环境由信息的生产、传播、鉴证等机制共同构成，政府的公共信息平台可以为科技型企业与科技金融机构提供相应的投融资信息，起到信息传播的作用，也有利于降低科技型企业与科技金融机构的搜寻成本。同时，由于政府与部分科技型企业之间存在项目、基金等科研合作，公共信息平台对这一类科研项目的信息公开，可起到鉴证作用，即为市场传达优质企业的信号，有利于增加资金供需节点间的信任，提高企业整体创新能力，实现区域科技金融网络规模的扩张，提升网络绩效，公共信息平台政策的作用机理如图4-9所示。

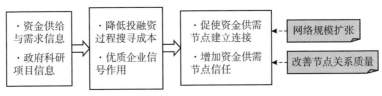

图4-9 政府公共信息平台政策作用机理

二、中介机构培育政策

在科技型企业与科技金融机构投入融资对接过程中，科技型企业具有较强的信息优势，为此需要加强知识产权评估机构、信用评级机构、会计师事务所等中介机构的培育，为科技金融机构投资决策提供有效信息。知识产权评估机构可为科技型企业专利等知识产权价值给出合理定价，缓解科技金融机构对相关技术不了解的窘境；信用评级机构给出公允的科技型企业评级，可大大降低科技金融机构的事前调查成本；会计师事务所对企业财务报表、可行性研究报告财务绩效的真实性判断，有利于科技金融机构有效评价企业价值与创新项目价值。为此，中介机构培育政策有利于降低科技型企业与科技金融机构间的信息不对称情况，降低科技型企业融资搜寻成本与科技金融机构的调查成本，同时在信息不对称缓解的情况下，科技金融机构投资的要求回报率也会大大降低，即企业资金使用成本降低（徐玉莲和王玉冬，2015），从而促进资金供需节点建立连接，增加资金供需节点之间的信任，提高科技金融机构收益与企业整体创新能力，实现区域科技金融网络规模的扩张，提高网络绩效，中介机构培育政策作用机理，具体如图4-10所示。

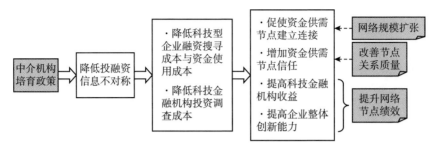

图 4 – 10　中介机构培育政策作用机理

第五章

区域科技金融网络演化升级的政策仿真

区域科技金融网络升级的政策作用机理从理论方面剖析了政府政策对区域科技金融网络升级的影响，但在区域科技金融网络的不同演化阶段，政府公共政策工具应有所侧重，为此本章利用多 Agent 仿真建模方法对促进网络升级的政府公共政策工具进行模拟分析。

第一节　政策仿真方法选择

一、复杂性分析

区域金融网络升级的政策仿真复杂性主要体现在政策的受体——区域科技金融网络与政策目标载体——政策工具的复杂性。

（一）区域科技金融网络的复杂性

在区域科技金融网络演化过程中，其网络节点、网络连接关系、网络结构会随之发生改变，使区域科技金融网络呈现出复杂性的特征。在区域科技金融网络中节点的种类和数量繁多，且各网络节点相对独立，具有不同的属性。这些网络主体之间存在着资金关系，其错综复杂的连接关系使得网络研究具有一定的困难性，信息等非正式连接更增加了网络的复杂性。在网络演化过程中，伴随着节点不断的进入和退出，网络节点数量以及合作对象的不断变化，网络结构也会随之产生变动，使得区域科技金融网络具有了不同的空间演化性。同时，网络节点为了在网络演化过程中长久地存活下去，会不断弥补、改善其自身属性，使自身得以成长并不断扩大自身声誉，吸引其他节点与之进行长期连接，由此触发网络内部结构进一步发生改变。由于区域科技金融网络参与主体的多元性及演化过程中网络环境的快速变化，使得网络的复杂性特征进一步凸显。

（二）政策工具的复杂性

由于公共政策制定对初始条件的敏感性、政策工具运行的不确定性及政策工具组合结果的不可预见性，反映了公共政策运行过程的复杂性（Geyer & Rihani，2012）。本书重点考察政策工具在区域科技金融网络升级演化中的作用机理，政策工具的多样性以及政策工具组合作用效果的非线性叠加等增加了研究的复杂性。通过政策工具的作用直接影响主体或者环境，揭示不同主体各自的行为、主体间的相互影响以及适应机制来研究政府公共政策的作用。在区域科技金融网络演化的不同阶段，其政策目标也存在差异性，因此不同阶段从政策作用机理的分析到政策工具组合的选择均体现了系统复杂性。

二、主流政策仿真方法比较

随着研究方法的不断改进，公共政策仿真方法大致经历了三个阶段：统计回归的方法、系统动力学（SD）的方法和基于多 Agent 的仿真建模（ABMS）的方法。统计回归方法侧重分析要素之间的因果关系，一般适用于解释因果关系较为直接和简单的客体，无法清晰有效的分析错综复杂的政策问题。当研究对象繁多、关系复杂、规模较为庞大时，统计回归方法在解释力度与可信度方面就显得力不从心。在政策作用过程中，往往存在着因果交叉等复杂现象，因此统计回归法略显不足。SD 方法侧重用反馈关系来解释问题，使多因果的复杂问题得到更好的深入研究。通过 SD 方法建模，可以在宏观层面模拟政策系统，实现动态的政策仿真研究。然而，政策效果的不确定性使得 SD 缺乏适应性，无法根据环境等变化作出相应的改变，于是出现了 ABMS 方法。在政策作用过程中，不同个体决策的差异性以及不同政策或政策组合，经过漫长的作用所产生的政策效果难以预测，ABMS 方法克服了统计回归和系统动力学方法的不足，可以更好地预测政策涌现出来的效果，发现其背后的运行机制（Maggi & Vallino，2016）。

综上所述，统计回归方法用较为简单的因果关系对政策进行分析，是对复杂性问题简单化和通则化的研究；系统动力学方法用反馈回路模拟多因果的复杂政策效果，是对宏观问题较为深入探究的方法；基于 Agent 的仿真建模方法则是多主体之间基于规则对环境的不断适应，实现自下而上的政策结果的涌现。三种政策仿真方法并无绝对优劣之分，方法的选择取决于研究对象的特点与研究者的目标定位，由以上分析可知，区域科技金融网络升级的政策仿真具有极大的复杂性，通过主体之间的动态交互能更好地适用于 CAS。为此，本章选择 ABMS 的方法进行区域科技金融网络升级政策仿真研究。

第二节　政策仿真模型的设计

一、政策仿真模型主体及属性设置

科技型企业和科技金融机构是区域科技金融网络中两大直接参与主体，是网络中的双引擎。其中科技型企业是区域科技创新能力提升的源泉，是科技创新成果孵化、形成乃至产业化的容器。金融机构为科技型企业创建、成长提供资金支持，由于不同金融机构为科技型企业提供不同类型的资金支持，因此本书初步将金融机构划分为银行和风险投资两类。政府作为区域科技金融网络中重要角色，它并不直接参与科技创新活动，而是间接地对科技创新活动进行引导和支持。在仿真模型中，政府通过一系列公共政策来引导相关行为主体。而中介服务主体与其他主体的连接关系主要体现在信息的供给上，因此在区域科技金融网络政策仿真模型中设置五类 Agent，即政府 Agent、企业 Agent、银行 Agent、风险投资 Agent 和中介服务 Agent。

设区域科技金融网络：

$$G = (V, E) \tag{5-1}$$

$$V = V^G \cup V^E \cup V^F \cup V^A, \quad V^F = V^{F1} \cup V^{F2} \tag{5-2}$$

$$E = e_i \cup e_{ij} \cup e_{ig} \cup e_{il} \tag{5-3}$$

其中，V 是网络中所有节点构成的点集，E 是网络中所有边的集合。V^G 是政府节点且只有一个，V_i^E 是第 i 个企业节点，V_j^{F1} 是第 j 个银行节点，V_g^{F2} 是第 g 个风险投资节点（简称风投节点），V_l^A 是第 l 个中介机构服务节点（简称中介节点）。e_i 是第 i 个企业节点与政府节点之间连接的边，e_{ij} 是第 i 个企业节点与第 j 个银行节点之间连接的边，e_{ig} 是第 i 个企业节点与第 g 个风投节点之间连接的边，e_{il} 是第 i 个企业节点与第 l 个中介节点之间连接的边。由于本仿真主要考虑的是区域科技金融网络中核心节点，且与政府节点和中介节点相连接的边资金流为单向的，为简化研究，对 e_i 和 e_{il} 暂不予考虑。

每类 Agent 都具有不同的属性：

（1）政府 Agent 的属性主要包括公共政策工具：①直接为科技型企业 Agent 提供政府研发补贴 Z^R；②设立规模为 C^G 引导基金；③贷款贴息比例 α_1；④风险补偿比例 α_2；⑤对企业和金融机构的税收比率 t^E 和 t^F；⑥对网络环境进行培育。

（2）企业 Agent 的属性包括：①初始资金 C_i^E，随机在 1~5 单位间分布；②企业所属的行业；③拥有的职员数量和科技研发人才数量；④企业的规模；⑤创新能力 L_i^E，其取值与科技研发人才数量占人员数量的比例密切相关；⑥企业声誉值 R_i，初始声誉值与企业创新能力相关等。

（3）银行 Agent 和风险投资 Agent 的属性主要包括：①初始资本 C^{F1} 和

C^{F2}；②择优选择比例 p_1 和 p_2；③每个项目的投资规模 I^{F1} 和 I^{F2}。

（4）中介服务 Agent 的属性主要是帮助科技型企业 Agent 更快捷地实现融资需求、降低融资成本、帮助银行 Agent 和风险投资 Agent 降低风险和成本等。

用 $S(t)$ 来表示节点的能量值（或资金额），分别用 $S_i^E(t)$、$S_j^{F1}(t)$、$S_g^{F2}(t)$ 和 $S_l^A(t)$ 表示企业 Agent、银行 Agent、风险投资 Agent 和中介服务 A-gent 的能量值。

二、政策仿真模型的规则

区域科技金融网络中的 Agent 交互规则是实现仿真实验模型的关键。根据创新活动中投融资过程（如图 5 – 1 所示），建立区域科技金融网络政策仿真模型的规则。

（一）科技型企业的决策规则

科技型企业的决策规则主要包括创新决策、融资决策、合作决策和扩张决策。

（1）企业 Agent 的创新决策是在概率 P_i 下进行创新活动，P_i 的取值与政策大环境相关，当国家鼓励创新，企业通过创新活动可以享受到政策红利，P_i 的值就会大一些。

（2）企业 Agent 进行融资的条件是：当某个企业决定创新后，其拥有的资金量小于阈值，无法保证创新活动顺利进行，只能向金融机构融资。

（3）企业 Agent 的合作决策指是否与中介服务 Agent 进行合作，寻求公共信息平台的帮助。合作的条件是：科技型企业 Agent 自身没有融资渠道或者自身的融资渠道难以实现融资需求，需要借助公共信息平台的力量进行融资。当企业与中介服务机构合作后，可以增大访问金融机构的概率 P_v，企业的融资渠道得以扩张，从而增大融资成功的概率。

（4）企业 Agent 的扩张决策是指其在创新活动成功后，有概率 P_b 决定进行人员扩充，增加科研人员数量和质量以继续提高企业的创新能力。

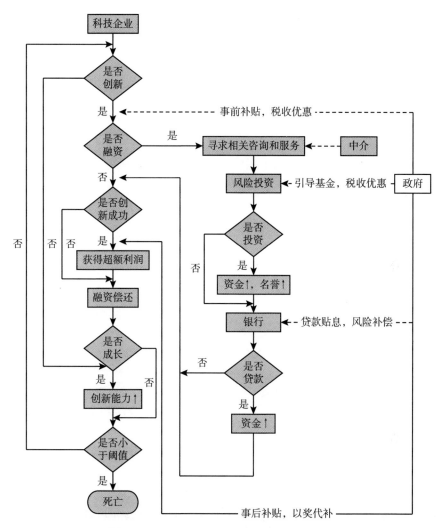

图 5 - 1　区域科技金融网络政策仿真流程框架

（二）金融机构择优连接规则

不同类型的融资对企业的发展具有不同程度的影响，同时金融机构在选择投资目标时也有不同的要求。当企业向金融机构融资时，设金融机构将企业的声誉值作为是否进行投资的主要参考依据。在现实生活中，中小型科技型企业和金融机构之间往往存在着信息不对称的情况。银行 Agent 和风险投资 Agent 相比,信息不对称的情况更为明显。风险投资在项目调研过程中比较专业,它们追求高额回报率,同时也承担着更大的风险,因此本书设定 R_2 为风险投资的标准,只要寻求融资的企业声誉值高于其标准 $R > R_2$,即可获得 I^{F2} 个单位的风投资金,同时风险投资 Agent 的参与也间接传递了企业具有良好的发展潜力的信息,其声誉则可适当提升 $R_i' = R_i + 0.5$。而银行偏好和更加稳健的大型企业合作,因为中小型科技型企业公开程度较低,在创新活动中风险偏大,银行在向中小型科技型企业发放贷款时需要耗费更多的时间和精力,机会成本大,故银行的标准 $R_1 > R_2$,企业声誉值需要大于 R_1,该企业可获得 I^{F1} 个单位的银行贷款。综上所述,银行在进行择优连接时标准更为严格,而风险投资在选择投资对象时择优连接的发生率更大。金融机构择优连接就是与声誉值较大的企业建立连接关系。

（三）核心节点利润分配规则

状态转移律（transformation function）是确定由一个状态到另一状态演变过程的方程,因此可以利用状态转移律计算利润分配后各节点的能量值。在仿真模型中主要涉及企业 Agent、银行 Agent 和风险投资 Agent 的利润分配情况。

（1）企业 Agent 的能量值:

$$S_i^E(t+1) = S_i^E(t) \times (1+q) \times s - C - T$$

其中,C 包括创新费用、融资费用和其他费用;s 是企业的股权比例;T 是税金。科技型企业进行创新活动时会消耗高额的创新费用,但创新面临着极大的不确定性。创新活动的成功概率主要取决于企业的创新能力,创新能力越高,创新活动成功概率越高。创新活动成功,企业可以支付各种费用并获得超额利润,并在投资方积累正面评价,与之升级为良好的合作关系,同时会加强节点之间信息共享和关系质量;创新活动失败,企业首先要偿还银行的资金,其次才是风险投资的资本回收,不过一般企业创新失败的情形,风险投资很难全身而退,只能在投资方积累负面评价,节点之间关系变弱。

（2）银行 Agent 的能量值：

$$S_j^{F1}(t+1) = S_j^{F1}(t) + I_j^{F1} \times (1+r) - T$$

（3）风险投资 Agent 的能量值：

$$S_g^{F2}(t+1) = S_g^V(t) + I_g^{F2} \times (1+q) \times (1-s) - T$$

（四）核心节点进入退出规则

区域科技金融网络不是一个封闭的系统，因此不断会有新的节点加入和退出。可以依据节点能量值与表示节点状态的给定企业节点阈值（threshold-firm）、银行节点阈值（threshold-bank）和风险投资节点阈值（threshold-venture）的比较来判断节点是否可以在网络中继续存在，如节点的能量值小于给定阈值，则节点 V 退出网络，且该节点的所有边都消失。

（五）政府对科技创新的扶持规则

政府通过公共政策对企业的科技创新进行扶持：

（1）无偿资助类政策。本仿真模型将科技型企业 Agent 所属的行业划分为两大类，即政府扶持行业与非政府扶持行业。当某一个科技型企业既属于政府扶持行业，又满足政府要求的其他标准时，即可通过政府直接获得 Z^R 个单位的政府研发补贴。政府研发补贴除了能够直接给企业带来现金收益外，还能够为其他投资者提供企业优质的信号传递效应，使得该企业的声誉值提高 $R_i' = R_i + 1$，在其向金融机构融资时的成功概率更大。

（2）股权间接投入类政策。政府设立一定规模的引导基金 C^G，将吸引聚集风险投资资本 C^{GF}，引导风险投资资本关注政府扶持行业，风险投资 Agent 的能量值发生改变为 $S_g^{F2}(t) = C_g^G + C_g^{GF}$。

（3）金融引导类政策。政府为向科技型企业提供贷款的银行给予比例为 α_1 贷款贴息，为银行吸引更多优质的投资对象；当创新活动失败时，政府对金融机构进行比例为 α_2 的风险补偿，降低银行的投资风险。

（4）税收优惠类政策。政府可以通过降低对核心节点的税收比率来达到扶持科技创新的效果。

（5）公共信息平台政策。政府通过对公共信息平台的培育，可以扩大与中介 Agent 合作后变大的 P_v 的增量，进而扩大企业 Agent 与金融机构 Agent 的连接概率。

（6）中介机构培育政策。政府通过对中介机构的培育，可以提高金融机构对企业信息的认知程度和质量，进而提高金融机构择优连接的概率。

三、初始参数和仿真界面设计

《创业投资企业管理暂行办法》于 2006 年 3 月正式施行，国家对创业投资企业实行备案管理，并对符合有关要求的投资企业进行政策扶持。本章政策仿真模型是从区域科技金融网络形成期开始仿真，初始参数值较小。因此参考 2006 年相关情况来设定模型的初始值。

2006 年创业投资企业备案数量 112 家，银行业金融机构包括国有商业银行、股份制银行、邮政储蓄银行、城市商业银行、农村商业银行等吸收公众存款的金融机构以及政策性银行。因此，本书设定科技型企业初始值 20 家、银行 2 家、风险投资机构 2 家、中介服务机构 2 家。参考《中小企业划型标准规定》对企业规模进行划分。2006 年投资企业单个案例的平均投资金额为810.5 万元，而银行企业信用贷款最高额度不超过 500 万元。综上所述，设定企业初始资本为 1 ~ 5 个单位，银行单笔信贷规模 5 个单位，风险投资单笔投资规模 10 个单位。为对金融机构加以区分，并依据第二章第四节中对择优机理的分析，设定银行的择优比例为 40%，风险投资机构的择优比例为60%。2006 年银行利率为 5.85%，考虑到信用贷款的上浮空间，设定 r 为6%。税率 t 为所得税税率 25%。考虑到区域科技金融网络演化是一个动态过程，包括新旧节点的变更，因此每一个仿真步长加入一个科技企业节点，而金融机构节点在其发展达到一定规模后会分裂出分支机构。当核心节点无法适应网络内的竞争，其退出将受到阈值的影响，故设定核心节点的阈值均为0。鉴于此，在本章仿真模拟过程中，各参数的设置如表 5 - 1 所示。

表 5 – 1   参数初始值

参数	初始值	参数	初始值
政府数量	1	银行择优连接发生率	40%
企业数量	20	风投择优连接发生率	60%
银行数量	2	银行资产回报率（r）	6%
风投数量	2	税率（t）	25%
中介数量	2	员工数量	5～15 随机分布
企业创新能力水平范围	1～10	人才数量	1～2
商业银行贷款规模	8	阈值（threshold）	0
风险投资规模	15	仿真周期	500

　　基于第二章第五节中对网络演化阶段的划分，因为强有力的公共政策支持可以使得网络从形成期到发展期阶段至发展期，因此在仿真中设定 ticks = 50 后才加入政府政策作用，并认定在网络演化的特征度量的曲线与 x 轴趋于平行时进入成熟期。

　　选择多主体仿真软件 Netlogo 来实现区域科技金融网络升级的政策仿真过程。基于仿真主体和仿真规则的设计，通过 Netlogo 6.0.2 仿真模拟程序的开发，具体编程代码见本书附录一，并构建了如图 5 – 2 所示的区域科技金融网络升级的政策仿真界面，图中左侧区域为仿真空间布局，右侧是网络演化的二维效果图。

四、网络演化的特征度量

　　区域科技金融网络的网络演化特征可以从网络规模、网络节点绩效及网络节点关系质量三个方面进行测度。采用核心节点数量和边权总量作为网络规模的衡量指标，网络平均距离为网络节点关系质量的衡量指标，科技型企业平均创新能力与金融机构平均收益作为网络节点绩效的衡量指标。

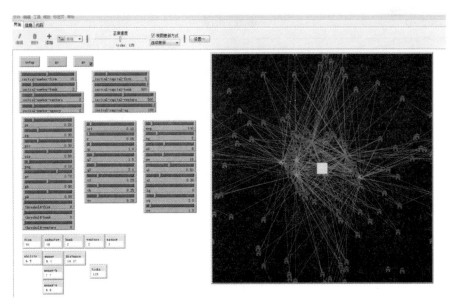

图 5 - 2　区域科技金融网络升级的政策仿真界面

（一）网络规模

核心节点数量在一定程度上可以反映网络结构的状态。区域科技金融网络中核心节点数量（N）表示某时刻区域科技金融网络的容量，其中又可分为资金需求节点数量（N_d）和资金供给节点数量（N_s）。因为每个时刻均有节点进入和退出，故该统计量为带有时间属性的变量，即：

$$N = N(t) = \text{sum}(V^E) + \text{sum}(V^{F1}) + \text{sum}(V^{F2}) \tag{5-4}$$

$$N_d = N_d(t) = \text{sum}(V^E) \tag{5-5}$$

$$N_s = N_s(t) = \text{sum}(V^{F1}) + \text{sum}(V^{F2}) \tag{5-6}$$

科技金融网络结构中的边是由企业节点和其他节点发生资金流而形成的，代表着企业节点和其他节点的连接关系。边权总量（Z）反映了核心节点之间合作数量的规模和网络总体资金流动情况。设每个科技型企业节点与 n^{F1} 个银行节点合作和 n^{F2} 个风投节点合作，则网络的边权总量为：

$$Z = \sum (n^{F1} \times I^{F1} + n^{F2} \times I^{F2}) \tag{5-7}$$

(二) 网络节点绩效

由于主要考虑的是金融机构通过网络的优化实现对资金的合理有效配置，进而促进区域内的创新能力不断提高。因此绩效指标主要考虑的是区域科技金融网络中企业的平均创新能力和金融机构平均收益来体现网络节点绩效的状态。网络平均创新能力反映的是网络中创新主体创新能力的平均水平 L，即可在 Netlogo 仿真平台中直接得到。而金融机构平均收益呈指数增长，不易比较。故参考曹霞和刘国巍（2015）对网络节点绩效的测量指标选取思路，使用网络中所有金融机构节点收益的加权平均值的对数，设金融机构的收益为 U_i，平均收益系数公式如下：

$$U(g) = \ln\left\{ \sum_{i \in n} \left[\frac{U_j(g)}{\sum_{i \in n} U_j(g)} \right] \times U_j(g) \right\}$$ (5-8)

(三) 网络节点关系质量

使用网络平均距离来反映任意两个已经连接的节点的关系质量。资金需求节点和资金供给节点之间的距离表示资金需求节点和资金供给节点之间的信息共享程度及信任程度等，距离越短表示关系越强，距离越长表示关系越弱，当关系弱到一定程度时，连接会自动断裂。而政府节点和企业节点的连接主要考虑的是政府对企业引导作用，故本书在计算平均距离时不予考虑。网络平均距离为：

$$D = \frac{\sum (d_{ij} + d_{ig})}{N_d \times N_s}$$ (5-9)

第三节 不同政策工具对网络
特征度量指标的影响

政策工具的使用是对政府资源的调控，如何设计政策工具组合来高效地实现每个演化阶段的政策目标，是研究的难点。因此，先了解每个政策工具对网络特征度量的影响程度，进而提出有效的政策工具组合。

现根据本书第四章中政策工具的分类设计单个政策仿真实验方案，方案一（A）是不采取政府公共政策的情形；方案一（B）是单独采取无偿资助政策的情形，资金规模为 5 个单位；方案一（C）是单独采取股权间接投入政策的情形，资金规模为 200 个单位；方案一（D）是单独采取贷款贴息政策的情形，贴息比例为 50%；方案一（E）是单独采取风险补偿政策的情形，补偿比例为 40%；方案一（F）是单独采取科技型企业税收优惠政策的情形；方案一（G）是单独采取金融机构税收优惠政策的情形；方案一（H）是单独采取公共信息平台政策的情形方案一；方案一（I）是单独采取中介机构培育政策的情形。其中无偿资助与股权直接投入政策作用机理相似，故仅以无偿资助类政策为代表来简化研究。

公共信息平台政策体现的是投融资过程中科技型企业与金融机构间对于投融资信息的了解水平，政府采取公共信息平台政策可以使得投融资信息在区域科技金融网络中更加公开，投融资合作更容易实现。仿真用增加科技型企业 Agent 与金融 Agent 合作的概率来代替采取公共信息平台政策的情况。中介机构培育政策体现的是金融机构在投资决策过程中对于科技型企业信息的掌握的程度和质量，政府采取中介机构培育政策可以降低金融机构的投资风险，提高区域科技金融网络对企业能力的要求。仿真用增加科技金融 Agent 进行择优选择的概率来代替采取中介机构培育政策的情况。

一、不同政策工具对节点数量的影响

网络节点数量是网络规模的重要参考指标之一，也是网络从形成期向发展期过渡升级时的重要参考指标。如图 5-3 所示，在节点数量结果中可以发现，除了中介机构培育政策，其他政策均对节点数量的增加具有正向促进影响。其中，以无偿资助类政策的影响结果最为突出，明显优于其他政策工具；

金融机构税收优惠政策与股权间接投入政策紧追其后，不相上下；其余政策工具的影响效果差距较小，按影响效果大小排序为：无偿资助类政策、金融机构税收优惠政策、股权间接投入政策、公共信息平台政策、风险补偿政策、贷款贴息政策、科技型企业税收优惠政策。

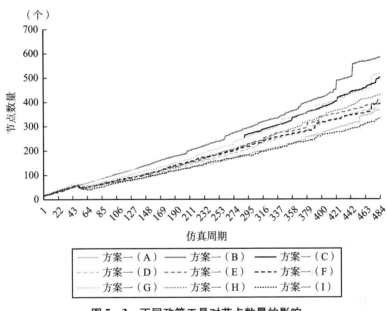

图 5 - 3 不同政策工具对节点数量的影响

二、不同政策工具对边权总量的影响

边权总量也是网络规模的重要参考指标，该指标的快速增加有利于区域科技金融网络从形成期向发展期过渡升级。仿真结果如图 5 - 4 所示。

在边权总量结果中可以发现，政策工具对节点数量与边权总量的影响效果排名基本一致，只在细微处稍有变化。例如，股权间接投入政策在边权总量的效果中略优于金融机构税收优惠政策，这可能是因为股权间接投入政策在促进科技型企业与金融机构之间建立投融资合作关系上更加直接、效果更加明显。

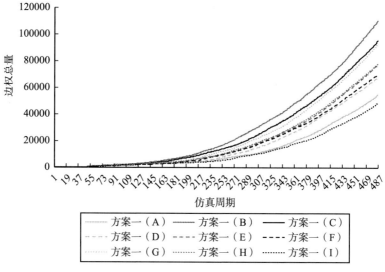

图 5 – 4   不同政策工具对边权总量的影响

三、不同政策工具对网络创新能力的影响

创新能力是网络绩效的重要参考指标之一，在整个网络演化过程中都具有举足轻重的地位。不同政策工具对网络创新能力的影响结果如图 5 – 5 所示，虽然在数值上变化不是特别明显，但在现实中，区域创新能力整体水平的微弱提升，都对网络其他特征度量和整体演化具有重要影响。

从图 5 – 5 中可以发现，在 $ticks = 400$ 后，曲线与 x 轴趋于平行视为进入成熟期，此时政策工具按照影响效果大小排名为：中介机构培育政策、无偿资助类政策、科技型企业税收优惠政策、股权间接投入政策、金融机构税收优惠政策、风险补偿政策、贷款贴息政策、公共信息政策。根据第二节中仿真模型设置可认为在 $ticks = 50 \sim 400$ 为网络发展期，其中股权间接投入政策与风险补偿政策对创新能力的提升具有阻碍效果，其余政策工具按影响效果大小排序为：科技型企业税收优惠政策、无偿资助类政策、金融机构税收优惠政策、贷款贴息政策、公共信息平台政策、中介机构培育政策。

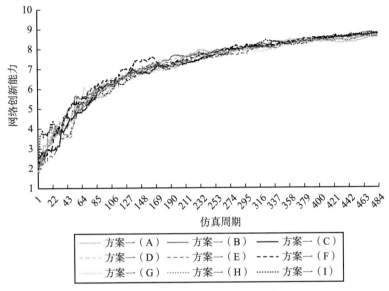

图 5 - 5　不同政策工具对网络创新能力的影响

四、不同政策工具对金融机构平均收益的影响

金融机构平均收益是网络绩效的重要参考指标之一，是网络演化发展期与成熟期的重要参考指标。不同政策工具对金融机构平均绩效的影响结果如图 5 - 6 所示。

从图 5 - 6 中可以发现，在 *ticks* = 400 后，曲线与 *x* 轴趋于平行为成熟期，此时无偿资助类政策的实施反而会使金融机构平均收益的增长速度放缓，其余政策工具按照影响效果大小排名为：金融机构税收优惠政策、风险补偿政策、股权间接投入政策、科技型企业税收优惠政策、贷款贴息政策、公共信息平台政策、中介机构培育政策。在 *ticks* = 50 ~ 400 为网络发展期，其中中介机构培育政策的实施会使金融机构平均收益的增长速度放缓，其余政策工具按影响效果大小排序为：金融机构税收优惠政策、股权间接投入政策、无偿资助类政策、科技型企业税收优惠政策、贷款贴息政策、风险补偿政策、公共信息平台政策。

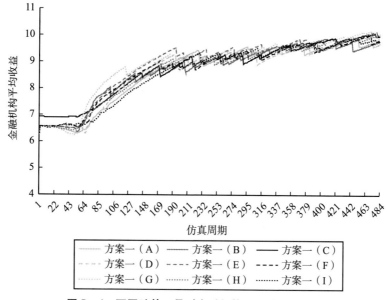

图 5 - 6 不同政策工具对金融机构平均收益的影响

五、不同政策工具对网络平均距离的影响

网络平均距离是网络关系质量的重要参考指标之一，在网络演化的发展期以后才开始得到重视。网络平均距离的缩短是网络演化成熟期最重要的演化目标。不同政策工具对平均距离的影响结果如图 5 - 7 所示。

从图 5 - 7 中可以发现，在 $ticks = 400$ 后，曲线与 x 轴趋于平行为成熟期，此时政策工具按照影响效果大小排名为：金融机构税收优惠政策、中介机构培育政策、贷款贴息政策、无偿资助类政策、科技型企业税收优惠政策、股权间接投入政策、风险补偿政策、公共信息政策。而在 $ticks = 50 \sim 400$ 为网络发展期，只有科技型企业税收优惠政策、金融机构税收优惠政策、风险补偿政策和无偿资助类政策具有较好的作用效果。

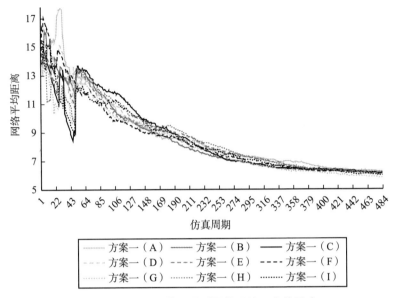

图 5 - 7　不同政策工具对网络平均距离的影响

第四节　基于网络不同演化阶段
政策工具组合的选取

　　在网络演化过程中，政策目标是通过提高网络特征度量来实现网络升级，在不同演化阶段最主要的政策目标又不尽相同。由本书第二章第五节可知，网络形成期向发展期过渡升级时最主要的政策目标是扩大网络规模；发展期向成熟期过渡升级时最主要的政策目标是提高网络节点绩效；成熟期最主要的政策目标是提高网络关系质量。但每个阶段的政策目标并不是独立的，因此在考虑不同阶段的政策工具组合时重点考虑的网络特征度量并不相同。

　　本节设计仿真方案来选取不同阶段的最优政策工具组合：方案二选取形成期向发展期过渡升级时最优政策工具组合，主要参考指标为衡量网络规模的核心节点数量和边权总量，并加入网络创新能力这一次要参考指标；方案三选取发展期向成熟期过渡升级时最优政策工具组合，主要参考指标为衡量网络节点绩效的创新能力和金融机构平均收益，并加入网络平均距离这一次要参考指标；方案四选取成熟期时最优政策工具组合，主要参考指标为衡量网络关系质量的网络平均距离，此时的次要参考指标为创新能力和金融机构平均收益。

　　将本章第三节的排名结果进行打分，并依据每个阶段不同的参考指标进行排序，最终得出每个阶段政策效果从大到小的排名，下文会具体给出。按照排名顺序，在仿真模型中依次加入政策工具，每加入一个政策工具后观察仿真效果，若仿真效果次于前一个组合，则说明该政策工具不适合该阶段，在进行下一组实验前，应先剔除该政策工具。最终得到适合每个阶段的最优政策工具组合。

一、形成期到发展期升级的政策工具组合

　　按上文所述，对形成期到发展期阶段的政策工具按政策效果排序为：无偿资助类政策、金融机构税收优惠政策、股权间接投入政策、公共信息政策、科技型企业税收优惠政策、贷款贴息政策、风险补偿政策和中介机构培育政策。依次加入政策工具进行 8 组实验。仿真结果如图 5 - 8 ~ 图 5 - 10 所示。

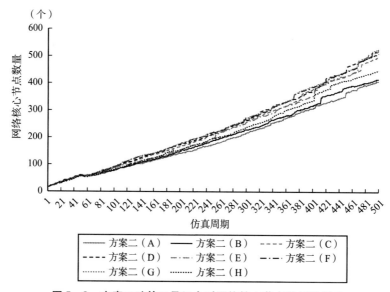

图 5 - 8　方案二政策工具组合对网络核心节点数量的影响

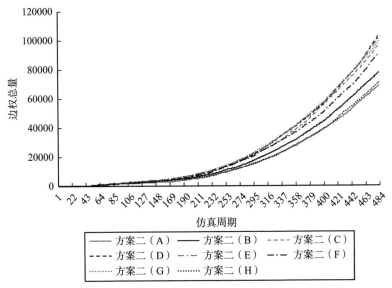

图5-9 方案二政策工具组合对边权总量的影响

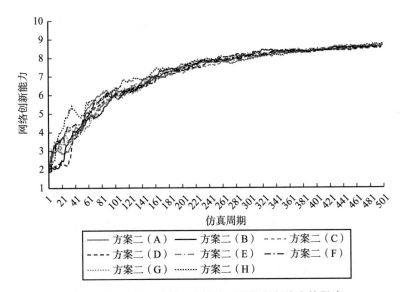

图5-10 方案二政策工具组合对网络创新能力的影响

方案二（A）为单独采取无偿资助类政策的情形；方案二（B）在前一组的基础上加入金融机构税收优惠政策；方案二（C）在前一组的基础上

加入股权间接投入政策；方案二（D）在前一组的基础上加入公共信息政策；方案二（E）在前一组的基础上加入科技型企业税收优惠政策；方案二（F）在前一组的基础上加入贷款贴息政策；方案二（G）在前一组的基础上加入风险补偿政策；方案二（H）在前一组的基础上加入中介机构培育政策。在网络节点核心数量和边权总量结果中方案二（G）的结果最优，但当加入中介机构培育政策后，仿真效果变差。但在网络创新能力结果中，方案二（H）的效果最优，其他组差别较小。可能是因为中介机构培育政策提高了网络的信息共享水平，网络资源会向创新能力较强的企业倾斜，不利于网络规模的大幅度扩张。因此，在形成期向发展期过渡升级阶段，最优的政策组合为无偿资助类政策、金融机构税收优惠政策、股权间接投入政策、公共信息政策、科技型企业税收优惠政策、贷款贴息政策和风险补偿政策。

二、发展期到成熟期升级的政策工具组合

按上文所述，对发展期到成熟期阶段的政策工具按政策效果排序为：金融机构税收优惠政策、科技型企业税收优惠政策、无偿资助类政策、贷款贴息政策、公共信息政策、风险补偿政策、股权间接投入政策和中介机构培育政策。依次加入政策工具进行8组实验，仿真结果如图5-11~图5-13所示。

方案三（A）为单独采取金融机构税收优惠政策；方案三（B）在前一组的基础上加入科技型企业税收优惠政策；方案三（C）在前一组的基础上加入无偿资助类政策，但加入无偿资助类政策后政策效果变差，这因此剔除该政策工具；方案三（D）在前一组的基础上加入贷款贴息政策；方案三（E）在前一组的基础上加入公共信息政策，同上，公共信息政策也被剔除了；方案三（F）在方案三（D）的基础上加入风险补偿政策；方案三（G）在前一组的基础上加入股权间接投入政策；方案三（H）在前一组的基础上加入中介机构培育政策。单独采取无偿资助类政策时，在发展期过渡时效果较好，但放入政策组合中反而影响整体效果。该阶段，市场已经开始稳步发

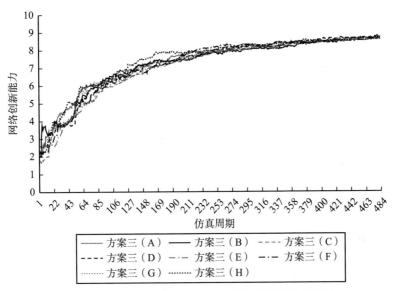

图5-11　方案三政策工具组合对网络创新能力的影响

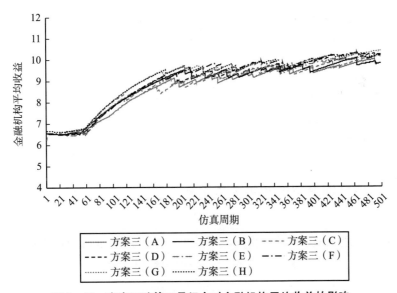

图5-12　方案三政策工具组合对金融机构平均收益的影响

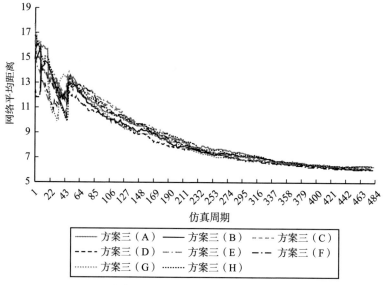

图5-13 方案三政策工具组合对网络平均距离的影响

展，政府应该顺应市场机制，过度的直接政策干预反而不利于网络整体发展。而公共信息平台政策在上一阶段已经采取了，当公共信息平台已经建成，后期合理维护即可，不必再浪费过多的财政资源。

在网络创新能力和金融机构平均收益结果中方案三（H）的结果最优。因此，在发展期向成熟期过渡升级阶段，最优的政策组合为金融机构税收优惠政策、科技型企业税收优惠政策、贷款贴息政策、风险补偿政策、股权间接投入政策和中介机构培育政策。

三、成熟期发展的政策工具组合

对成熟期阶段的政策工具按政策效果排序为：金融机构税收优惠政策、中介机构培育政策、贷款贴息政策、股权间接投入政策、科技型企业税收优惠政策、风险补偿政策、无偿资助类政策和公共信息政策。仿真结果如图5-14~图5-16所示。

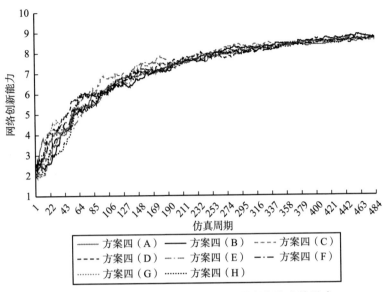

图 5 − 14　方案四政策工具组合对网络创新能力的影响

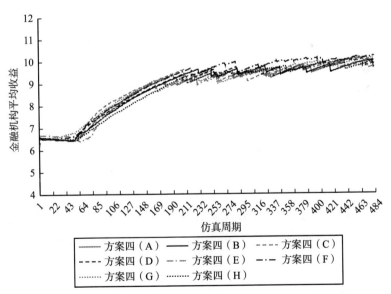

图 5 − 15　方案四政策工具组合对金融机构平均收益的影响

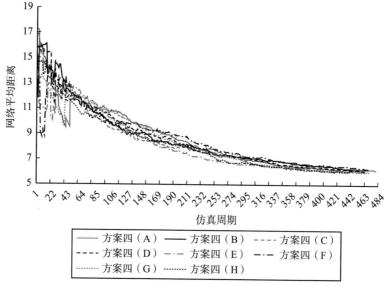

图 5 – 16　方案四政策工具组合对网络平均距离的影响

方案四（A）为单独采取金融机构税收优惠政策；方案四（B）在前一组的基础上加入中介机构培育政策，政策效果得以优化；方案四（C）在前一组的基础上加入贷款贴息政策；方案四（D）在前一组的基础上加入股权间接投入政策，政策效果变差，从政策组合中剔除该政策工具；方案四（E）在方案四（C）的基础上加入科技型企业税收优惠政策；方案四（F）、方案四（G）和方案四（H）分别是在方案四（E）的基础上加入无偿资助类政策和公共信息政策，但效果均不尽如人意。在该阶段市场机制较强，政府干预不仅浪费资源甚至会阻碍网络演化进程，因此该阶段政府应该转变自己的角色定位，放弃强制性的政策工具，使用温和、鼓励的政策引导。在网络平均距离结果中方案四（E）的结果最优。因此，在成熟期阶段，最优的政策组合为金融机构税收优惠政策、中介机构培育政策、贷款贴息政策和科技企业税收优惠政策。

四、基于网络不同演化阶段政策工具组合选取的建议

根据上节的仿真结果分别对形成期到发展期阶段、发展期到成熟期阶段以及成熟期阶段提供科学可行的政策建议。力求合理优化区域科技金融网络升级过程中的政府资源配置效率，实现政府投入效益最大化。

（一）形成期到发展期升级的政策建议

在区域科技金融网络形成期向发展期过渡升级阶段，最优的政策组合为无偿资助类政策、股权间接投入政策、贷款贴息政策、风险补偿政策、科技型企业税收优惠政策、金融机构税收优惠政策和公共信息政策的协同作用。结合本书第四章第二节该阶段最主要的政策目标，合理调整政策组合中政策工具的使用强度。区域科技金融网络演化过程中，从形成期向发展期过渡阶段需要政府强有力的政策作用。此时政府的参与度最大，需采取的政策工具最多，规模颇大。综上所述，建议区域政府应加大财政直接投入政策的力度和规模；对于科技金融体系发展相对落后的地区，应采取股权直接投入政策，以政府资源丰富科技型企业的融资渠道，并带动当地科技金融体系发展，便于贷款贴息和风险补偿等政策工具的使用；并以具有普惠性的税收优惠政策为补充，同时构建和完善投融资信息平台。科技创新具有高投入、高回报、高风险的特征，对资本具有较强的需求和依赖性，在该阶段迫切需要国家财政政策发挥示范性和导向性作用，帮助弥补市场失灵和市场缺陷，推动网络从形成期向发展期过渡升级。

（二）发展期到成熟期升级的政策建议

在区域科技金融网络发展期向成熟期过渡升级阶段，最优的政策组合为金融机构税收优惠政策、科技型企业税收优惠政策、贷款贴息政策、风险补偿政策、股权间接投入政策和中介机构培育政策的协同作用。此时区域科技金融网络已经发展到一定规模，政策目标应该从量的增长转向质的提升。发

展期向成熟期过渡阶段的政策目标转向区域创新能力的提升，进而带动金融机构效益的增长。受益群体将从全体科技型企业转向具有较高创新水平的企业，无法适应市场竞争的企业必然会被区域科技金融网络淘汰。这一阶段是政府和市场共同发挥作用。税收优惠政策成为该阶段最主要使用的政策工具，应合理调控税收优惠政策，促进税收优惠政策更加多样化，适当加强金融机构税收优惠政策，可以增加科技金融机构的投入强度，完善科技型企业研发费用加计扣除等多层次的税收优惠政策；并以贷款贴息政策、风险补偿政策、股权间接投入政策为补充，不断缩小财政无偿资助的比重；最后应不断加强中介机构培育政策，将政府在区域科技金融网络中的主导地位逐步让位给市场，推动网络向成熟期过渡升级。

（三）成熟期的政策建议

政府对区域科技金融网络的发展起着重要的推动作用，但当区域科技金融网络发展到成熟期后，网络内已经形成了较为完善的市场机制。此时，政府应该将网络的主导权交还给市场，否则只会不利于区域科技金融网络的有序、良性发展。政府在成熟期的角色定位为区域科技金融网络环境的完善者和监督者，政府必须为网络的发展和创新提供良好的社会环境，另外，采取各项保障措施、优惠措施，通过招商引资，鼓励创新，吸引人才等一系列手段，促使产业集群向规模化、专业化发展，同时抑制集群企业之间的恶性竞争，创建良好的竞争平台，鼓励科技金融机构向科技型中小微企业倾斜，保证区域创新活跃度，提升区域可持续发展竞争力。区域科技金融网络成熟期的发展对其网络环境依赖性极高，应进一步完善网络外部的信息环境与基础环境建设。

第六章

基于黑龙江省科技金融网络的实证研究

第一节　黑龙江省科技创新与金融发展现状

一、科技创新发展现状

"十三五"以来，黑龙江省围绕科技强省建设目标，全省科技实力和创新能力进一步增强，为"神舟"号系列飞船、"天宫一号""天宫二号"空间实验室、"奋斗者"号深潜 10000 米等国家上天入海行动和国家重大工程建设提供了一系列原创性技术支撑，开创了科技创新发展的新局面。获得国家科学技术进步奖 64 项，其中哈尔滨工业大学刘永坦院士获国家最高科学技术奖。"两院"院士新增 7 位。专利授权量由 2015 年的 18942 项增加到 2020 年的 28475 项，增长 50.3%。科技创新引领高质量发展的作用进一步显现，2020 年高新技术企业达到 1932 家，较 2015 年增长 178.8%。技术合同成交额由 2015 年的 127.23 亿元增长到 2020 年的 267.8 亿元，增长 110.5%。国家级高新区及各类科技园区正在成为创新驱动发展示范区、新兴产业集聚区、高质量发展的先行区。科技引领民生改善进一步突出，一批科技创新成果有效保障了国家粮食安全和主要农产品供给，科技特派员助力农民增收，科技扶贫带动精准脱贫，民生科技成果转化应用使科技创新更加贴近人民生活。科技体制改革进一步深化，在推动科技成果转移转化、激发科技人员创造性和创新主体活力、营造良好创新生态等方面取得阶段性进展。2011～2019年黑龙江省科技创新数据如表6-1所示。

表6-1 2011～2019年黑龙江省科技创新数据

年份	R&D人员（人）	R&D经费支出（亿元）	地方财政科技支出（亿元）	专利申请数（件）	技术合同成交金额（亿元）	产业技术创新联盟（个）	科技企业孵化器（个）	区域创新能力全国排名
2011	87258	128.8	33.2	23432	62.1	18	46	20
2012	90386	146	37.6	30610	100.5	31	43	19
2013	89747	164.8	38.6	32264	112.18	32	44	19
2014	88218	161.3	39.5	31856	121.2	43	72	21
2015	80907	157.7	42.9	34611	127.23	49	111	24
2016	80651	152.5	44.9	35293	131.95	51	161	22
2017	71321	146.6	46.9	30958	150.75	61	216	26
2018	60736	135	39.5	34582	170.07	64	206	28
2019	69537	146.6	42.2	37313	235.84	63	246	28

资料来源：黑龙江省科技创新服务平台。

二、金融发展现状

作为科技金融发展的土壤，黑龙江省金融体系发展是科技金融网络形成的基础。根据2020年《黑龙江省金融运行报告》，2019年黑龙江省金融体系发展如下：

一是货币政策工具精准施策，贷款增势较为稳健。落实降准政策释放法人机构长期流动性约 304 亿元。创新应用第三方提供合格债券办理质押，使扶贫再贷款覆盖全省。再贷款、再贴现、常备借贷便利累放 620.9 亿元。年末全省银行业金融机构本外币各项贷款余额 21506.6 亿元，同比增长 5.8%，增速高于上年 1.4 个百分点；贷款增加 1090.5 亿元，同比增长 231.4 亿元，其中法人机构占比 53.8%。信贷资源积极补短板、强弱项，支持经济结构调整优化。涉农贷款同比多增 246.5 亿元；制造业贷款、中长期贷款和服务业贷款企稳回升；扶贫小额信贷和创业担保贷款稳步增长。

二是加大贷款市场报价利率（LPR）的推广运用，降低企业信贷融资成本的作用已经显现。2019 年，全省金融机构人民币一般贷款加权利率 5.63%，同比下降 0.28 个百分点。LPR 改革后 5 个月金融机构新发放贷款加权平均利率为 5.4%，比 LPR 改革前 7 个月下降 0.38 个百分点。

三是全面深化民营和小微企业金融服务工作。推动形成民营和小微企业的服务合力，全省四次印发指导性文件或行动方案（《黑龙江省深化小微企业金融服务若干措施》《黑龙江省全面深化民营和小微企业金融服务暨首贷培植行动方案（2019—2020）》等）。精准运用多种货币政策工具增强民营小微信贷供给能力，并降低小微企业融资成本。创新推出"众银帮"融资模式，形成省市县三级银企对接活动和"金助民企"活动。

四是银行业、证券业、保险业发展稳中有进。银行业资产、负债、净利润分别增长 3.4%、3.2% 和 3.5%。三年来首次实现不良贷款"双降"，不良贷款率十年来首次降至 3% 以内（2.79%）。证券市场交易额同比增长 16.6%，新增 2 家企业分别在上交所科创板、港交所上市融资。保险业资产实力不断增强，农业保险保费规模位于全国第 3 位，创新推出大豆保险新政策，在费率下降的条件下，实现保额提高。社会融资规模增量上涨，同业拆出交易大幅上升，金融债积极支持"三农"、小微企业、绿色专项重点领域发展和补充银行资本，票据市场交易量不断攀升。

五是金融基础设施逐步完善，金融生态建设扎实推进。再拓哈尔滨—符拉迪沃斯托克现钞空运直通渠道和哈尔滨—广州—莫斯科新的空运转渠道，首次实现跨境人民币调运。搭建跨地域、跨系统、跨业务的全省农业农村信用信息数据共享平台，形成"农业信用信息数据 + 金融科技"的农村信用体系建设新模式。移动支付便民工程从"示范"到"普及"，从城市向县乡延伸。社区普惠金融和金融消费权益保护工作也积极推进。

第二节　基于社会网络方法的黑龙江省科技金融网络演化分析

　　社会网络分析方法（SNA）是一种集社会学、统计学、数学、图论等理论与技术于一身的定量分析方法，它将复杂网络和社会网络研究相结合，为创新网络、金融网络等诸多领域提供了新的研究范式，故本节运用社会网络方法对黑龙江省科技金融网络进行研究，选择 Ucinet 软件进行数据分析。

　　以黑龙江省新三板科技型上市公司为样本，分析建立黑龙江省科技金融网络。与主板相比，新三板上市门槛相对较低，其上市企业基本涵盖黑龙江省内优秀的科技型中小企业，具有较强代表性，研究与该群体样本相关联的科技金融机构，分析双方间投融资关系，可以反映出黑龙江省科技金融网络的发展趋势。借鉴顾海峰和卞雨晨（2020）对科技型上市公司的界定标准，以企业研发经费和研发人员为依据，对 2016 年、2020 年黑龙江省新三板上市公司进行筛选，并收集整理各公司与商业银行、风险投资机构间的投融资相关数据。2016 年与 2020 年黑龙江省新三板科技型上市公司及其相关联的金融机构名称列表见附录二，数据来源为新三板网站（http：//www. neeq. com. cn/nq/listedcompany. html）。运用 Unicent 软件分别实现 2016 年与 2020 年黑龙江省科技金融网络的可视化过程，分别如图 6 - 1 和图 6 - 2 所示。2016 年，科技金融网络中孤立点科技型新三板上市公司为正方股份、发现者、华瑞国土、凌之讯、明峰环保和鹏程药包，2020 年，网络中孤立点科技型新三板上市公司为恒通股份、凌之讯和明峰环保，表明上述企业在本年度未获取外部金融机构支持。

图 6-1　2016 年黑龙江省科技金融网络

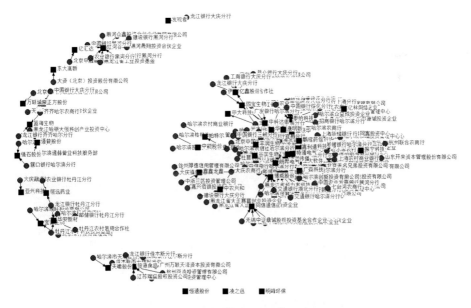

图 6-2　2020 年黑龙江省科技金融网络

一、整体网分析

黑龙江省科技金融网络整体网分析的度量指标如下：

（1）网络规模、网络边数与网络密度。网络规模反映科技金融网络中节点数量，即网络中科技型企业与科技金融机构的总数量 n；网络边数反映科技金融网络中节点间存在资金流动的关系数量 m；网络密度是科技金融网络中已有的网络边数与可能存在的边数的比率，计算公式为：

$$density = \frac{m}{n(n-1)/2} \tag{6-1}$$

一般而言，网络密度越大，表明科技金融网络节点间存在的关系越多，即网络中各节点间相互联系越紧密。

（2）中心势。反映网络围绕某个或某些点而建构的程度，即网络中的关系集中于一个或几个中心节点的程度，刻画网络的整体中心性，具体包括度数中心势、中间中心势等。网络度数中心势作为衡量网络中心化程度的指标，计算公式为：

$$C_{AD} = \frac{\sum_{i=1}^{n}(C_{AD\max} - C_{ADi})}{n^2 - 3n + 2} \tag{6-2}$$

其中，C_{ADi} 为节点 i 的度数中心度，$C_{AD\max}$ 为网络各节点度数中心度最大值。度数中心势越大，表明科技金融网络越具有集中趋势，即网络关系向部分核心节点靠拢。

网络中间中心势衡量网络中介能力及控制能力的不均衡程度，计算公式为：

$$C_B = \frac{\sum_{i=1}^{n}(C_{AB\max} - C_{ABi})}{n^3 - 4n^2 + 5n - 2} \tag{6-3}$$

其中，C_{ABi} 为节点 i 的中间中心度，$C_{AB\max}$ 为网络各节点中间中心度最大值。中间中心势越大，表明科技金融网络被少数节点控制的可能性越高，即网络中的部分节点中介能力优势明显。

（3）平均距离。该指标为网络中任意两节点之间的最短路径长度的平均值，计算公式为：

$$Length = \sum \frac{d_{s,t}}{n(n-1)/2} \qquad (6-4)$$

其中，$d_{s,t}$为节点s与节点t之间的最短距离。该指标可以从总体上反映网络节点间的关系链的长短，平均距离越小，科技金融网络节点之间的关系越密切。

运用Ucinet软件，计算黑龙江省2016年与2020年科技金融网络各指标数值如表6-2所示。

表6-2　　　　　　2016年与2020年黑龙江省科技金融网络指标数值

年份	网络规模	网络边数	网络密度	度数中心势（%）	中间中心势	平均距离
2016	71	87	0.033	8.291	10.747	2.442
2020	134	191	0.030	8.43	21.00	2.538

由表6-2可知，与2016年相比，2020年黑龙江省科技金融网络规模与网络边数出现较大提升，但网络密度出现一定下降，平均距离有一定增加，表明黑龙江省网络节点间的相互联系有待进一步加强。网络的度数中心势有所提高，表明黑龙江省科技金融网络节点与其他节点开展直接接触的能力有所提升。网络的中间中心势亦有所提升，表明网络存在向部分节点集中的趋势。

二、个体网分析

黑龙江省科技金融网络个体网分析的度量指标如下：

（1）度数中心度。该指标反映了节点与网络中其他节点交流合作的能力。节点度数中心度越大，则与之合作的网络节点越多，从而拥有更多的网络信息与资源。计算公式为：

$$C_{Adi} = \sum_i p_i \tag{6-5}$$

其中，p_i 为与节点 i 有直接联系节点的数量，如果某节点具有最高的度数中心度，表明该节点位于科技金融网络的中心，网络其他节点向该节点集中。

（2）中间中心度。该指标反映某一节点出现在网络中任意两个节点最短路径上的能力。计算公式为：

$$C_{ABi} = \sum_j^n \sum_k^n b_{jk}(i), \ (j \neq k \neq i \text{ 且 } j < k) \tag{6-6}$$

其中，$b_{jk}(i) = g_{jk}(i)/g_{jk}$，$g_{jk}$ 为节点 j、k 之间存在的捷径数；$g_{jk}(i)$ 为节点 j、k 之间经过第三个节点 i 的捷径数；$b_{jk}(i)$ 为衡量能够控制节点 j、k 联系能力的指标。如果某节点中间中心度越大，表明该节点控制其他网络节点的能力越强，在科技金融网络中起到重要的中间人作用。

黑龙江省科技金融网络 2016 年与 2020 年个体特性分析结果如表 6 – 3 和表 6 – 4 所示。按照节点不同类别，列出有代表性的个体节点。由于黑龙江省风险投资（简称风投）类科技金融机构发展较为薄弱，将其与银行类科技金融机构分别排序，单独列出。

表 6 – 3   **2016 年黑龙江省科技金融网络代表性个体**

名称	类别	度数中心度	中间中心度
垦丰种业	科技型企业	6	0.058
立高科技	科技型企业	5	0.046
亿鑫股份	科技型企业	4	0.004
建设银行哈尔滨分行	科技金融机构（银行）	4	0.069
招商银行哈尔滨分行	科技金融机构（银行）	3	0.068
中国银行哈尔滨分行	科技金融机构（银行）	2	0.055
哈尔滨投资集团有限公司	科技金融机构（风投）	2	0.041

注：按照节点所属类别，以度数中心度为排名顺序列出代表性个体情况，下同。

表 6-4   2020 年黑龙江省科技金融网络代表性个体

名称	类别	度数中心度	中间中心度
丰润生物	科技型企业	18	0.06
立高科技	科技型企业	11	0.05
恒源食品	科技型企业	9	0.02
建设银行哈尔滨分行	科技金融机构（银行）	10	0.11
招商银行哈尔滨分行	科技金融机构（银行）	8	0.07
中信银行哈尔滨分行	科技金融机构（银行）	6	0.05
黑龙江省科力高科技产业投资有限公司	科技金融机构（风投）	5	0.07
哈尔滨投资集团有限公司	科技金融机构（风投）	2	0.04

由表 6-3 可知，2016 年科技型企业度数中心度较高的节点为垦丰种业、立高科技和亿鑫股份，表明该三家企业具有较强的融资能力。科技金融机构方面，银行类机构中建设银行哈尔滨分行、招商银行哈尔滨分行与中国银行哈尔滨分行度数中心度排名靠前，风投类机构中哈尔滨投资集团有限公司度数中心度较高。三家银行节点中间中心度较高，表明三家银行在科技金融网络信息交流中处于重要的桥梁作用。

由表 6-4 可知，2020 年科技型企业中除立高科技之外，丰润生物和恒源食品融资能力表现在该时间窗口亦较为突出。科技金融机构方面，银行类机构中建设银行哈尔滨分行度数中心度仍排在第一位，股份制商业银行招商银行哈尔滨分行与中信银行哈尔滨分行度数中心度也较高，风投类机构中除哈尔滨投资集团有限公司之外，黑龙江省科力高科技产业投资有限公司度数中心度较高。从节点中间中心度看，对黑龙江省科技金融网络信息控制能力较强的节点是建设银行哈尔滨分行、招商银行哈尔滨分行和黑龙江省科力高技术产业投资有限公司。

第三节 黑龙江省科技金融网络
绩效测度与阶段判定

一、科技金融网络绩效测度

区域科技金融网络绩效的各三级指标中，三级指标 X1～X8 源于网络实际发展定量数据，设定评价结果分为：很差、差、一般、良好、很好五个等级，则评价集为：$V =$｛很差、差、一般、良好、很好｝，分别对应 ｛[0, 0.2)、[0.2, 0.4)、[0.4, 0.6)、[0.6, 0.8)、[0.8, 1]｝各区间。以黑龙江省科技金融网络发展相关数据为参考，聘请 15 位专家，根据 2020 年黑龙江科技金融网络发展的实际数据，对 X1～X8 二级指标进行打分，X1～X8 二级指标的隶属度计算公式为：

$$r_{ij} = \frac{k_{ij}}{s} \qquad (6-7)$$

其中，s 为参评的总人数，k_{ij} 表示有 k 个人认为第 i 个指标属于第 j 个等级。

二级指标 X9～X17 采用问卷调查方法，获得定性数据。调查数据具体表项见表 3-3，此次问卷调查共发放 160 份，由于科技金融网络连接是基于科技型企业与科技金融机构投融资过程而建立，调研对象确定为黑龙江省新三板科技型上市公司财务管理人员与关联科技金融机构项目评估、投资决策人员，发放时间 2020 年 6～9 月，采用实地调查、电子邮件、电话采访等方式开展问卷调查，有 42 份问卷部分内容填写不完整或者存在明显错误，将其视为无效问卷予以剔除，获得有效问卷 118 份。X9～X17 二级指标的隶属度计算公式与公式（6-7）相似，不再赘述。具体各二级指标隶属度结果见表 6-5。

表 6 - 5　　　　　黑龙江省科技金融网络绩效测度指标的隶属度表

测度指标	很差	差	一般	良好	很好
创新企业数量 X1	0	0.2	0.6	0.2	0.3
风险投资机构数量 X2	0	0.3	0.7	0	0
商业银行数量 X3	0	0.4	0.4	0.2	0
风险投资机构投资金额 X4	0	0.4	0.6	0	0
商业银行科技贷款数量 X5	0	0.2	0.6	0.2	0
企业新产品销售收入 X6	0.2	0.4	0.4	0	0
商业银行科技贷款利润 X7	0	0.6	0.4	0	0
风险投资机构收入 X8	0.1	0.6	0.3	0	0
投融资伙伴是坦率的、诚实的 X9	0.1	0.4	0.4	0.1	0
投融资伙伴所提供的信息是可信的 X10	0.1	0.3	0.6	0	0
企业获得融资的时间成本合理 X11	0.1	0.4	0.4	0.1	0
企业获得融资的资金成本合理 X12	0	0.2	0.6	0.2	0
机构对创新活动投资的风险较低 X3	0	0.3	0.5	0	0
机构与科技型企业间的信息不对称程度较低 X14	0	0.3	0.5	0.2	0
地区企业信用体系建设良好 X15	0	0.4	0.6	0	0
政府公共平台提供了全面的投融资信息 X16	0.1	0.3	0.5	0.1	0
地区市场中介服务机构发展完善 X17	0.1	0.4	0.5	0	0

基于第三章第三节中确定的各指标权重向量 A 及单因素评价确定隶属度矩阵 R，选用 $M(\bullet, \oplus)$ 算子进行模糊变换，按公式（3 - 2）计算，得到二级指标综合评价结果。网络规模 B1、网络节点绩效 B2、网络节点关系质量 B3 与网络信息环境 B4 的计算过程如下：

$$B1 = [0.28, 0.19, 0.15, 0.21, 0.17] \times \begin{bmatrix} 0 & 0.2 & 0.6 & 0.2 & 0 \\ 0 & 0.3 & 0.7 & 0.8 & 0 \\ 0 & 0.4 & 0.4 & 0.2 & 0 \\ 0 & 0.4 & 0.6 & 0 & 0 \end{bmatrix}$$

$$= [0, 0.29, 0.59, 0.12, 0]$$

$$B2 = [0.35, 0.31, 0.34] \times \begin{bmatrix} 0.2 & 0.4 & 0.2 & 0 & 0 \\ 0 & 0.6 & 0.4 & 0 & 0 \\ 0.1 & 0.6 & 0.3 & 0 & 0 \end{bmatrix}$$

$$= [0.1, 0.53, 0.37, 0, 0]$$

$$B3 = [0.16, 0.15, 0.17, 0.18, 0.18, 0.16] \times \begin{bmatrix} 0.1 & 0.2 & 0.4 & 0.1 & 0 \\ 0.1 & 0.3 & 0.6 & 0 & 0 \\ 0.1 & 0.4 & 0.4 & 0.1 & 0 \\ 0 & 0.2 & 0.6 & 0.2 & 0 \\ 0 & 0.3 & 0.5 & 0.2 & 0 \\ 0 & 0.3 & 0.5 & 0.2 & 0 \end{bmatrix}$$

$$= [0.05, 0.32, 0.50, 0.13, 0]$$

$$B4 = [0.37, 0.27, 0.36] \times \begin{bmatrix} 0 & 0.4 & 0.6 & 0 & 0 \\ 0.1 & 0.3 & 0.5 & 0.1 & 0 \\ 0.1 & 0.4 & 0.5 & 0 & 0 \end{bmatrix}$$

$$= [0.06, 0.37, 0.54, 0.03, 0]$$

基于一级评价指标的隶属度矩阵，可得 2020 年黑龙江省科技金融网络绩效测度结果，计算如下：

$$P_{2020} = [0.33, 0.24, 0.26, 0.17] \times \begin{bmatrix} 0 & 0.29 & 0.59 & 0.12 & 0 \\ 0.1 & 0.53 & 0.37 & 0 & 0 \\ 0.05 & 0.32 & 0.05 & 0.13 & 0 \\ 0.06 & 0.37 & 0.54 & 0.03 & 0 \end{bmatrix}$$

$$= [0.05, 0.37, 0.40, 0.08, 0]$$

P_{2020} 向量与评语集 V 进一步复合，可得出 2020 年黑龙江省科技金融网络绩效水平的等级量化分值为 0.453，属于评语集 V 区间 [0.4，0.6]，绩效水平为"一般"。

二、科技金融网络阶段发展判定

由黑龙江省科技金融网络演化分析与网络绩效测度过程可知，2020 年科技金融网络规模有所扩张，网络外部环境有所改善，但网络节点绩效与节点间关系质量相对较差。依据第二章第五节中区域科技金融网络演化阶段特征分析，判定当前黑龙江省科技金融网络尚处于发展初期阶段，黑龙江省政府公共政策应促进科技金融网络持续优化发展，尤其应注重科技金融网络节点绩效与节点关系质量的提升，通过实现科技型企业与科技金融机构围绕创新活动投融资的财富效应，培育良好合作关系，推进黑龙江省科技金融网络向发展期后期与成熟期过渡。

第四节　促进黑龙江省科技金融网络升级的政策建议

黑龙江省科技金融网络虽然以具备一定基础，网络规模呈现出一定增长的态势，但增长速度有待提高，网络节点绩效与网络节点关系质量亟待提升，政策目标应该从量的增长转向质的提升，以企业创新能力提升带动科技金融机构收益的增加。结合第五章第四节的最优政策工具组合结论，给出促进黑龙江省科技金融网络升级的政策建议。

一、合理采取财政直接投入政策

第一，审慎使用无偿资助政策。在该阶段无偿资助与股权直接投入政策激励效果过于直接强烈，力度较强的政府无偿资助政策会阻碍市场机制的发展。目前黑龙江科技金融网络已处于发展初期阶段，因此应合理控制无偿资助科技经费的增长速度，挖掘创新能力强、符合黑龙江省创新发展战略的科技型企业创新项目。以黑龙江创新优势为基础，根据技术需求的紧迫性、关键性与前瞻性，科学设计黑龙江财政科技计划体系。鼓励相关科技型企业积极申报，有效整合高校、科研院所等创新资源，提高企业项目创新收益及成功概率（徐玉莲和郭思迁，2022）。以优势创新项目吸引风险投资机构、商业银行积极参与，发挥多方协同创新效应，形成创新的财富示范效应，实现黑龙江省优势产业创新发展目标与科技金融网络主体目标的重合。

第二，扩大股权投入政策的范围。整合黑龙江省有限财政资金，重点实施基于股权的激励政策。对于科技型企业、风险投资机构与商业银行三方合作的科技金融网络，政府以财政资金入股一定股权，如果企业创新失败，金融机构与企业优先清算；如果企业创新成功，政府将持有的股权收益无偿或低价转让给风险投资机构与商业银行，增加风险投资机构持股的投资回报与商业银行的额外收益。政府为激励三方合作而参与企业股权投资，实际控制权仍在科技型企业本身，增加企业融资资金总量的同时，大大提升黑龙江省科技金融网络各方主体参与积极性。

二、采取多元化的税收优惠政策

第一，加大税收优惠政策的优惠范围。与无偿资助类政策相似，税收优惠也会直接降低企业创新成本，创新成本的降低也就意味着创新收益的增加，从直接补给到间接让渡，都是政府扶持企业技术创新的重要手段。税收优惠则是间接性的扶持政策，对市场的干预较小且具有普惠性。可以合理采取税收优惠政策，来增强政府引导和扶持的作用效果。扩大税收优惠对象范围，适当加强金融机构、中介服务机构税收优惠政策，可以增加科技金融的投入强度和优化网络外部环境。

第二，注重税收优惠政策精准性，提高税收政策之间的协同效果。在当前积极的财税政策更加注重提质增效的背景下，可以考虑根据科技型企业、风险投资机构、商业银行特征制定差异化的税收优惠政策，提高税收优惠政策的精准性。合理设计优惠政策的详细条件和申请手续，简化流程，加强监管，防止政策资源浪费在不符合要求的科技型企业与科技金融机构上。另外，现行税收优惠政策条目众多，应全面评估各项政策的特点、范围、效果，并对政策之间的相互作用关系进行合理测算，从而更好地发挥政策协同影响，进一步提升税收优惠政策的激励效果。

三、加大信息共享政策力度

第一，依托区块链技术，进一步完善投融资信息平台。投融资信息平台能够快速的帮助科技型企业拓宽融资渠道，帮助科技金融机构降低搜寻成本和风险。投融资平台聚集了银行、证券、风险投资等各类金融机构，可为处于不同生命周期、不同规模、不同行业的科技型企业提供与其匹配的融资选择。运用区块链技术，降低科技金融主体间的合作成本。建议政府牵头成立区块链技术应用管理办公室，在用户授权前提下，将科技型企业研发与生产销售信息、风险投资机构及商业银行各类投资信息以数据形式加密保存到区块链，利用区块链去中心化的特性，防止各方信息伪造，可在投资前、投资中、投资后的全流程追溯其原始信息，使得投融资各方信息公开透明化，大大降低科技金融网络主体间的合作成本。对于付出较高努力成本而融资失败的科技型企业，基于区块链数据信息，政府可提供金融服务指导与适当补偿。

第二，不断加强中介机构培育政策。科技中介在黑龙江科技金融网络培育中亦发挥重要作用。首先科技担保和科技保险的培育可以帮助科技金融机构分散风险，促进科技型企业融资的达成。其次知识产权评估中介和企业信用评级中介等有利于科技金融机构在选择投资项目时拥有更加公平和理性的主动权，高效地实现"科技 + 金融"双赢的局面。要积极培育各类科技型企业发展所需的促进技术扩散、成果转化和科技咨询、知识产权服务、信用评级服务等专业中介服务机构，并通过认定、评级等使它们提供多层次、高水平的专业服务。最后通过建立健全科技创新服务行业协会等组织，逐步实现行业自律。

Netlogo 代码

基于 Netlogo 的区域科技金融网络升级的政策仿真代码:

```
breed[government a-government]
breed[firms firm]
breed[banks bank]
breed[ventures venture]
breed[agencies agency]
undirected-link-breed[yellow-links yellow-link];;政府和企业
undirected-link-breed[red-links red-link];;银行和企业
undirected-link-breed[violet-links violet-link];;风投和企业(有引导基金的)
undirected-link-breed[pink-links pink-link];;风投和企业
undirected-link-breed[green-links green-link];;中介和企业

globals[
    fund
    v
    nf
    nb
    nv
```

```
  ]

government-own[
    policy
  ]

firms-own[
    money-f
    money
    number-works
    talents
    innovation-ability
    reputation
    industry
    scale;;
    standard
    financing
    cooperate-f-g
    cooperate-f-b    ;;企业－银行合作,黄色
    cooperate-f-vg    ;;企业－风投合作,紫色
    cooperate-f-v    ;;企业－风投合作,粉色
    cooperate-f-ag    ;;企业－中介合作,蓝色
    innovation
    p
    q
    a
    repayb
    repayv
```

ci

cr

c

lack

success

fail

]

banks-own[

money-b

moneyb

cooperate-b-f

cooperate-b-f-success

cooperate-b-f-fail

repaybs

repaybf

pay

]

links-own[

long

longg

]

ventures-own[

money-v

moneyv

cooperate-v-f

```
    cooperate-vg-f

    cooperate-v-f-success

    cooperate-v-f-fail

    cooperate-vg-f-success

    cooperate-vg-f-fail

    qv

    repayvs

    repayvf
]


agencies-own[

    money-ag

    cooperate-ag-f
]


to setup

    ca

    set-default-shape government" square"

    create-government 1

    [

        set color yellow

        set size 2

        setxy 0 0

    ]

    set-default-shape firms" house"

    create-firms initial-number-firm

    [

        firms-setup
```

```
      fd 15
      rt 90
]
set-default-shape banks" star"
create-banks initial-number-bank
[
      banks-setup
      fd 4
      rt 90
]
set-default-shape ventures" star"
create-ventures initial-number-venture
[
      ventures-setup
      fd 4
      rt 90
]
set-default-shape agencies" car"
create-agencies initial-number-agency
[
      agencies-setup
      fd 6
      rt 90
]
ask yellow-links[ set color yellow]
ask red-links[ set color red]
ask violet-links[ set color violet]
ask pink-links[ set color pink]
```

```
    ask green-links[ set color green ]
    reset-ticks
end


to firms-setup
    set color blue
    set size 1
    set money-f 1 + random initial-capital-firm
    set number-works 5 + random 10
    set talents 0. 5 + precision( random-float( 0. 1 * number-works) )2
    set innovation-ability   precision( 20 * talents/number-works)1
    set industry random 2
    ifelse industry = 1
    [ set a a1 ]
    [ set a 1 ]
end


to banks-setup
    set color red
    set size 1
    set money-b initial-capital-bank
end


to ventures-setup
    set color pink
    set size 1
    ifelse random-float 1 < pg
    [ set fund 1
```

```
        set money-v 5 * mvg
    ]
    [ set fund 0
        set money-v initial-capital-venture
    ]
end


to agencies-setup
    set color green
    set size 1
    set money-ag initial-capital-ag
end


to go
    if ticks = 500 [ stop ]
    ask firms
    [
        set money money-f
        set ci 0. 05
        set c 0. 2
        ifelse( money-f > 5) and( number-works > 100)
            [
                set scale 1
                set p 0. 4
                set q q2
                if( money-f > 500) and( number-works > 500)
                [
                    set scale 2
```

```
            set p 0. 6
            set q q3
            ]
         ]
      [
         set scale 0
         set p 0. 2
         set q q1
         ]
      ifelse talents/number-works < 0. 5
      [ set innovation-ability precision( 20 * talents/number-works) 1 ]
      [ set innovation-ability 10 ]
   ]
ifelse ticks < 50
[
   if random-float 1 < px
   [
      ask firms
      [
         ifelse random-float 1 < pix
         [ set innovation 1
            ifelse money-f < = max[ money-f ] of firms
            [ set lack 1 ]
            [ set lack 0 ]
            ]
         [ set innovation 0 ]
         ]
      ask banks
```

```
    [
        if money-b > initial-capital-bank/2
        [ create-red-link-with one-of firms with[ lack = 1 ] ]
    ]
    if random-float 1 < ( px/2 )
    [
        ask ventures[ create-pink-link-with one-of firms with[ lack = 1 ] ]
    ]
    ]
]
[
    ask firms
    [
        set standard mean[ money ] of firms
        ifelse random-float 1 < pic
        [
            set innovation 1
            ifelse ( industry = 1 ) and ( innovation-ability > = lg )
            [
                set cooperate-f-g count my-yellow-links
                ifelse cooperate-f-g = 0
                [
                    create-yellow-link-with one-of government
                    set reputation 1
                    set money-f money-f + mg
                ]
                [ set reputation 1 ]
            ]
```

```
[ set reputation 0 ]
if innovation-ability < 1
[ set reputation reputation ]
if( innovation-ability > = 1 ) and ( innovation-ability < 4 )
[ set reputation reputation + 1 ]
if( innovation-ability > = 4 ) and ( innovation-ability < 8 )
[ set reputation reputation + 2 ]
if innovation-ability > = 8
[ set reputation reputation + 3 ]
ifelse money-f < standard
[
    set lack 1    ;;需要融资
    set cooperate-f-b count my-red-links
    set cooperate-f-vg count my-violet-links
    set cooperate-f-v count my-pink-links
    if( cooperate-f-b + cooperate-f-v + cooperate-f-vg ) = 0
    [
        create-green-link-with one-of agencies
        set cooperate-f-ag count my-green-links
        set p p + pag * cooperate-f-ag
    ]
    if random-float 1 < p
    [
        ifelse random-float 1 < pv
        [
            if( industry = 1 ) and ( reputation > = rv )
            [
                if fund    > 0
```

```
        [create-violet-link-with one-of ventures with[fund = 1]]
        ]
      if(industry = 0)and(reputation > = rv)
      [create-pink-link-with one-of ventures    ]
        ]
    [create-pink-link-with one-of ventures]
    set cooperate-f-vg count my-violet-links
    set cooperate-f-v count my-pink-links
    set reputation reputation + cooperate-f-vg *0. 6 + cooperate-f-v *0. 3
    ifelse random-float 1 < pb
    [
        if reputation > = rb
        [create-red-link-with one-of banks]
          ]
      [create-red-link-with one-of banks]
        ]
    set repayv(cooperate-f-v + cooperate-f-vg) * mv
    set money-f money-f + repayb + repayv
      ]
    [set lack 0]
      ]
  [set innovation 0]
    ]
  ]
ask firms
[
  set cooperate-f-b count my-red-links
  set cooperate-f-vg count my-violet-links
```

```
    set cooperate-f-v count my-pink-links

    set repayb cooperate-f-b * mb

    set repayv(cooperate-f-v + cooperate-f-vg) * mv

    set money-f money-f + repayb + repayv
]
ask ventures
[

    set moneyv money-v

    set cooperate-vg-f count my-violet-links

    set cooperate-v-f count my-pink-links

    set money-v money-v − (cooperate-vg-f + cooperate-v-f) * mv
]
ask banks
[

    set moneyb money-b

    set cooperate-b-f count my-red-links

    set money-b money-b-cooperate-b-f * mb
]
;;融资过程
ask links
[set long link-length]
ask firms
[

    set cr cooperate-f-ag * crl    ;

    set v repayv/money-f

    ifelse innovation = 1

    [

        ifelse random-float 1 < (innovation-ability/max[innovation-ability]of
```

firms)

```
        [
            set success 1
            set fail 0
            set money-f money + ( money-f * q    -cr-repayb * a * r-repayv * q *
v-money-f * q * ci-money-f * c ) * ( 1 − tf )
        ]
        [
            set fail 1
            set success 0
            set money-f money-f-cr-repayb * ( 1 + a * r ) − repayv * 0. 7 − money-
f * q * ci-money-f * c
        ]
    ]
    [ set money-f money-f-money-f * c ]
    ;;利润分配日
    if( success = 1 ) and( ( distancexy 0 0 )    > 5 )
    [ face a-government 0
       fd 0. 2
    ]
    if( fail = 1 )
    [ face a-government 0
       fd − 0. 1
    ]
]
ask links
[ set longg link-length ]
ask banks
```

```
[
    set cooperate-b-f-success count my-red-links with[ long > = longg]
    set cooperate-b-f-fail count my-red-links with[ long < longg]
    set cooperate-b-f cooperate-b-f-success + cooperate-b-f-fail
    set repaybs cooperate-b-f-success * mb
    set repaybf cooperate-b-f-fail * mb
    set pay 0. 9 + a2
    if pay > ( 1 + r) [ set pay 1 + r]
    set money-b money-b + ( repaybs * ( 1 + r) + repaybf * pay)
    if money-b < threshold-bank
    [
        die
        ask my-links[ die]
    ]
]
ask ventures
[
    set cooperate-v-f-success count my-pink-links with[ long > = longg]
    set cooperate-v-f-fail count my-pink-links with[ long < longg]
    set cooperate-vg-f-success count my-violet-links with[ long > = longg]
    set cooperate-vg-f-fail count my-violet-links with[ long < longg]
    set cooperate-v-f cooperate-v-f-success + cooperate-v-f-fail
    set cooperate-vg-f cooperate-vg-f-success + cooperate-vg-f-fail
    set repayvs( cooperate-v-f-success + cooperate-vg-f-success) * mv
    set repayvf( cooperate-v-f-fail + cooperate-vg-f-fail) * mv
    set qv mean[ q] of firms
    set money-v money-v + ( repayvs * ( 1 + qv) + repayvf * ( 0. 5 + a2) -2) *
( 1 - tv)
```

```
        if money-v < threshold-venture
        [
            die
            ask my-links[ die ]
            ]
        ]
    ask firms
    [
        if( success = 1 ) and ( random-float 1 < pk )
        [
            set number-works number-works + random 5
            set talents precision( talents + random-float 2 )2
        ]
        ; ; if fail = 1 [ set talents precision( talents + random-float 0. 5 )2set money-f
money-f – 0. 5 ]
        if money-f < threshold-firm
        [
            die
            ask my-links[ die ]
            ]
        if( distancexy 0 0) >17
        [ ask my-links[ die ]
            ]
        ]
    create-firms 1
    [
        firms-setup
        fd 15
```

```
      rt 90
    ]
      set nf count firms
    set nb count banks
    set nv count ventures
    if( nb + nv) < nf/2
    [
      ask ventures
      [
          if ( ( mean [ cooperate-v-f + cooperate-vg-f ] of ventures) > 100 ) and
( mean[ money-v ] of ventures > 2 * initial-capital-venture)
          [
              set money-v money-v/2
              hatch 1[ rt random-float 360 fd 0. 1 ]
          ]
      ]
      ask banks
      [
          if( ( mean [ cooperate-b-f ] of banks) > 100 ) and ( mean [ money-b ] of
banks > 2 * initial-capital-bank)
          [
              set money-b money-b/2
              hatch 1[ rt random-float 360 fd 0. 1 ]
          ]
      ]
    ]
    tick
    end
```

黑龙江省科技金融网络节点数据

附表1　　　　　　　　　　2016年黑龙江省科技金融网络节点名单

行业	名称
科技型企业名称	宝德生物、工大软件、恒通股份、恒源食品、华安新材、垦丰种业、朗昇电气、立高科技、帕特尔、天晴股份、同信通信、亚兴科技、亿汇达、止方股份、中大科技、中能股份、东大高新、发现者、谷实生物、恒远药业、华睿国土、嘉利通、凌之迅、强石股份、泰纳科技、万联城服、鑫联华、鑫鑫龙鑫、亿鑫股份、中科达信、丰润生物、红河谷、明峰环保、鹏程药包、特通电气、通普股份、振宁科技
风险投资机构名称	哈尔滨瑞旺投资有限公司、天津泰展资产管理中心、哈尔滨八达投资有限公司、佳木斯市天瑞投资处、珠海横琴华叶国立投资中心、珠海华叶国美投资中心、杭州豆浩投资管理有限公司、黑龙江省科力高科技产业投资有限公司、哈尔滨市北岸投资管理企业、哈尔滨君丰创业投资企业、深圳市创赛基金投资管理有限公司、哈尔滨市天地投资管理中心、肇东市同信同创科技开发合伙企业、黑龙江省科力高科技产业投资有限公司、哈尔滨朗江创新股权投资企业、芜湖鼎证伍号投资中心、无锡中证鼎诚股权投资基金合作企业、大庆融泽投资管理有限公司、北京中融鼎新投资管理有限公司、哈尔滨投资集团有限公司、哈尔滨格林派尔企业管理咨询有限公司、大资（北京）投资股份有限公司、哈工大机器人集团（哈尔滨）资产经营管理有限公司、哈尔滨和瑞投资管理中心、哈尔滨泰洛股权投资管理中心、北京天鸿万联投资管理有限公司、哈尔滨市聚力康诚投资企业、中浙三匹投资管理公司、嘉兴佰银投资管理公司、大庆福庆投资中心、徐州厚德信用管理有限公司、辽宁志成投资控股股份有限公司、沈阳兰迪赛克咨询有限公司、黑龙江丰远荣达投资管理咨询有限公司、哈尔滨德绩企业管理中心、北京天狼星控股集团有限公司、黑河晟翔投资合伙企业、黑河众鑫投资合伙企业、哈尔滨特通商务服务企业、北京未名兄弟投资有限公司、哈尔滨通赫普业科技服务部、山东开来资本管理股份有限公司

续表

行业	名称
商业银行名称	哈尔滨巨源信用社、建设银行哈尔滨分行、中信银行哈尔滨分行、工商银行佳木斯分行、龙江银行牡丹江分行、邮储银行牡丹江分行、农业银行哈尔滨分行、中国银行哈尔滨分行、中国农业发展银行黑河分行、交通银行哈尔滨分行、兴业银行哈尔滨分行、招商银行哈尔滨分行、哈尔滨银行哈尔滨分行、龙江银行牡丹江分行、营口银行哈尔滨分行、上海农商银行、上海银行上海分行、建设银行绥化分行、大庆农商行、工商银行大庆分行、哈尔滨农商行、招商银行大庆分行、浦发银行哈尔滨分行、光大银行哈尔滨分行、锦州银行哈尔滨分行、湖北银行宜昌分行、宜昌农商行、中国银行宜昌分行、工商银行宜昌分行、民生银行哈尔滨分行

资料来源：新三板网站（http://www.neeq.com.cn/nq/listedcompany.html）。

附表2   **2020年黑龙江省科技金融网络节点名单**

行业	名称
科技型企业名称	宝德生物、工大软件、恒通股份、恒源食品、华安新材、垦丰种业、朗昇电气、立高科技、帕特尔、天晴股份、同信通信、亚兴科技、亿汇达、正方股份、中大科技、中能股份、东大高新、发现者、谷实生物、恒远药业、华睿国土、嘉利通、凌之迅、强石股份、泰纳科技、万联城服、鑫联华、鑫鑫龙鑫、亿鑫股份、中科达信、艾瑞技术、博威股份、丰润生物、广森科技、红河谷、康明新、蓝海生物、明峰环保、鹏程药包、盛达科技、四宝生物、特通电气、通普股份、亿林网络、振宁科技、中农兴和
风险投资机构名称	哈尔滨瑞旺投资有限公司、北京深行投资管理公司、哈尔滨八达投资有限公司、佳木斯市天瑞投资处、杭州豆浩投资管理有限公司、珠海华业容象投资管理中心、广州万联天泽资本投资有限公司、江苏瑞桑股权投资公司、牡丹江水平科技投资基金、北京现代种业发展基金有限公司、吉林省汇鹏股权投资基金管理公司、黑龙江省科力高科技产业投资有限公司、哈尔滨创新投资有限公司、哈尔滨市北岸投资管理企业、哈尔滨君丰创业投资企业、上海昱儒企业管理咨询服务中心、哈尔滨科力壹号创业投资企业、哈尔滨市天地投资管理中心、肇东市同信同创科技开发合伙企业、哈尔滨朗江创新股权投资企业、芜湖鼎证伍号投资中心、福建平潭指南坤贞创业投资合伙企业、无锡中证鼎诚股权投资基金合作企业、大庆融泽投资管理有限公司、北京中融鼎新投资管理有限公司、天津千百和企业管理合伙企业、哈尔滨投资集团有限公司、哈尔滨格林派尔企业管理咨询有限公司、大资（北京）投资股份有限公司、哈尔滨青禾股权投资管理中心、哈工大机器人集团（哈尔滨）资产经营管理有限公司、华睿昊天（广东）投资发展中心、哈尔滨和瑞投资管理中心、哈尔滨市企信中小企业创业投资有限公司、哈尔滨泰洛股权投资管理中心、黑龙江辰能创新投资管理有限公司、黑龙江壹玺创业投资合伙企业、北京天鸿万联投资管理有限公司、哈尔滨市聚力康诚投资企业、中浙三匹投资

续表

行业	名称
风险投资机构名称	管理公司、嘉兴佰银投资管理公司、大庆福庆投资中心、徐州厚德信用管理有限公司、辽宁志成投资控股股份有限公司、沈阳兰迪赛克咨询有限公司、黑龙江省黑工投资有限公司、天津盛宾利投资有限公司、哈尔滨师度投资管理中心、哈尔滨宇拓企业管理咨询中心、哈尔滨恒普企业管理咨询中心、黑龙江丰远荣达投资管理咨询有限公司、北京中国农垦产业发展基金、哈尔滨德绩企业管理中心、杭州智行投资管理有限公司、黑龙江北大荒投资控股有限公司、北京天狼星控股集团有限公司、黑河晟翔投资合伙企业、黑河众鑫投资合伙企业、黑龙江省工业投资基金、深圳市亚飞投资管理有限公司、哈尔滨众益成投资企业、哈尔滨同赢投资中心、哈尔滨特通商务服务企业、北京未名兄弟投资有限公司、哈尔滨通赫普业科技服务部、黑龙江哈银大恒科创产业投资中心、山东开来资本管理股份有限公司、黑龙江省大正泽霖投资企业、黑龙江省大正赛富创业投资企业
商业银行名称	哈尔滨巨源信用社、建设银行哈尔滨分行、工商银行佳木斯分行、龙江银行佳木斯分行、龙江银行牡丹江分行、牡丹江农村信用合作社、邮储银行牡丹江分行、中国农发行黑河分行、农业银行哈尔滨分行、中国银行哈尔滨分行、兴业银行哈尔滨分行、建设银行新疆分行、交通银行湖北分行、工商银行哈尔滨分行、邮储银行哈尔滨分行、浦发银行哈尔滨分行、浙江泰隆商业银行上海分行、上海农村商业银行、深圳前海微众银行、哈尔滨农村信息合作联社、哈尔滨银行哈尔滨分行、上海农商银行、上海华瑞银行、哈尔滨农村商业银行、民生银行哈尔滨分行、中国银行大庆分行、龙江银行哈尔滨分行、龙江银行大庆分行、中信银行哈尔滨分行、大庆农商行、杜蒙农商行、农业银行牡丹江分行、广发银行哈尔滨分行、营口银行哈尔滨分行、哈尔滨农商行、工商银行绥化分行、光大银行绥化分行、招商银行哈尔滨分行、上海银行上海分行、邮政储蓄绥化分行、农业银行绥化分行、绥化农商行、中国银行绥化分行、昆仑银行大庆分行、工商银行大庆分行、龙江银行大庆分行、交通银行哈尔滨分行、光大银行宜昌分行、农业银行宜昌分行、华夏银行哈尔滨分行、工商银行宜昌分行、中国银行三峡分行、光大银行哈尔滨分行、哈尔滨农信社、七台河农商行、邮储银行黑河分行、农业银行黑河分行、建设银行黑河分行、中国银行黑河分行、哈尔滨农商行、龙江银行齐齐哈尔分行、齐齐哈尔农商行、邮储银行哈尔滨分行、伊春农村信用合作社、杭州联合农商行、建设银行大庆分行

资料来源：新三板网站（http://www.neeq.com.cn/nq/listedcompany.html）。

参考文献

（一）中文主要参考文献

[1] 包健. 创新驱动发展战略下我国科技税收政策分析 [J]. 税务研究，2019（10）：48 – 52.

[2] 鲍静海，张会玲. 创业板上市公司融资结构分析——解读科技型中小企业融资困境 [J]. 金融理论与实践，2010（12）：83 – 86.

[3] 曹霞，刘国巍. 产学研合作创新网络规模、连接机制与创新绩效的关系研究——基于多主体仿真和动态系统论视角 [J]. 运筹与管理，2015，24（2）：246 – 254.

[4] 陈敏. 互联网金融模式下企业融资问题及对策 [J]. 江苏科技信息，2018，35（19）：24 – 26.

[5] 刁晓纯，苏敬勤. 工业园区产业生态网络绩效测度研究 [J]. 科研管理，2008，29（3）：153 – 158.

[6] 丁云龙. 风险投资的整全性及其网络化运行——以硅谷为例 [J]. 科学学研究，2004（4）：411 – 418.

[7] 房汉廷. 关于科技金融理论、实践与政策的思考 [J]. 中国科技论坛，2010（11）：5 – 10.

[8] 房汉廷. 科技金融本质探析 [J]. 中国科技论坛，2015（5）：5 – 10.

[9] 傅利平，李小静. 政府补贴在企业创新过程的信号传递效应分析——基于战略性新兴产业上市公司面板数据 [J]. 系统工程，2014，32（11）：

50 – 58.

[10] 盖文启. 创新网络：区域经济发展新思维［M］. 北京：北京大学出版社，2006.

[11] 高继平，丁堃，潘云涛，等. 国内外知识网络研究现状分析［J］. 情报理论与实践，2015，38（9）：120 – 125.

[12] 耿宇宁，周娟美，张克勇，等. 科技金融发展对科技型中小企业创新产出的异质性影响研究：来自中部六省的证据［J］. 武汉金融，2020（4）：62 – 67.

[13] 贡文伟，袁煜，朱雪春. 联盟网络、探索式创新与企业绩效——基于冗余资源的调节作用［J］. 软科学，2020，34（7）：114 – 120.

[14] 顾海峰，卞雨晨. 科技 – 金融耦合协同提升了企业融资效率吗？——基于中国755家科技型上市公司的证据［J］. 统计与信息论坛，2020，35（9）：94 – 109.

[15] 韩纪琴，余雨奇. 政策补贴、研发投入与创新绩效：基于新能源汽车产业视角［J］. 工业技术经济，2021，40（8）：40 – 46.

[16] 胡海青，张宝建，张道宏. 企业孵化网络成因解析：脉络梳理与研究展望［J］. 研究与发展管理，2013，25（1）：94 – 103.

[17] 胡妍，陈辉，杜晓颖. 股票流动性与企业创新投入：基于中小微企业的逻辑［J］. 学术研究，2020（9）：100 – 105.

[18] 胡悦，马静，李雪燕. 京津冀城市群创新网络结构演化及驱动机制研究［J］. 科技进步与对策，2020，37（13）：37 – 44.

[19] 胡志颖，丁园园，郭彦君，等. 风险投资网络、创新投入与创业板IPO公司成长性：基于创新投入中介效应的分析［J］. 科技进步与对策，2014，31（10）：90 – 94.

[20] 金永红，汪巍，吴玉芹. 中国风险投资网络结构特性及其演化［J］. 系统管理学报，2021，30（1）：40 – 53.

[21] 康志勇. 融资约束、政府支持与中国本土企业研发投入［J］. 南开管理评论，2013，16（5）：61 – 70.

[22] 李乐，毛道维. 政府信用对科技创新与金融创新的推动机制：基于苏州市科技金融网络实践的研究 [J]. 经济体制改革，2012 (4)：52 - 56.

[23] 李瑞晶，李媛媛，金浩. 区域科技金融投入与中小企业创新能力研究：来自中小板和创业板 127 家上市公司数据的经验证据 [J]. 技术经济与管理研究，2017 (2)：124 - 128.

[24] 李喜梅，邹克. 科技金融内涵探讨及政策建议 [J]. 金融理论与实践，2018 (3)：1 - 8.

[25] 李心丹，束兰根. 科技金融：理论与实践 [M]. 南京：南京大学出版社，2013.

[26] 李媛媛，陈文静，刘思羽. 科技金融网络构建及演化仿真研究 [J]. 金融理论与实践，2020 (12)：17 - 23.

[27] 梁靓，张英明. 科技型中小企业融资影响因素实证研究 [J]. 经济论坛，2016 (9)：65 - 69.

[28] 刘达峰. 科技型中小企业融资问题研究 [J]. 现代营销，2020 (4)：205 - 206.

[29] 刘凤朝，马荣康，姜楠. 区域创新网络结构、绩效及演化研究综述 [J]. 管理学报，2013，10 (1)：140 - 145.

[30] 刘国巍. 产学研合作创新网络演化研究 [D]. 哈尔滨：哈尔滨工程大学，2014.

[31] 刘俊棋. 互联网金融与科技型中小企业融资研究 [J]. 学术探索，2014 (12)：124 - 131.

[32] 刘培森，李后建. 企业创新来源：信贷市场还是股票市场 [J]. 贵州财经大学学报，2016 (2)：37 - 50.

[33] 刘向，马费成，王晓光. 知识网络的结构及过程模型 [J]. 系统工程理论与实践，2013，33 (7)：1836 - 1844.

[34] 刘学元，丁雯婧，赵先德. 企业创新网络中关系强度、吸收能力与创新绩效的关系研究 [J]. 南开管理评论，2016，19 (1)：30 - 42.

[35] 刘洋，王尚威，陈梦莹. 科技型中小企业融资影响因素实证研究：基

于因子分析和 Logistic 回归模型［J］．科技创业月刊，2015，28（20）：27 - 30.

［36］罗永胜，李远勤．我国风险投资网络核心 - 边缘结构的动态演进［J］．财会月刊，2017（2）：107 - 112.

［37］吕国庆，曾刚，顾娜娜．经济地理学视角下区域创新网络的研究综述［J］．经济地理，2014，34（2）：1 - 8.

［38］吕长江，王克敏．上市公司资本结构、股利分配及管理股权比例相互作用机制研究［J］．会计研究，2002（3）：39 - 48.

［39］马丽仪，杨宜．科技金融网络的结构、演化及创新机制——背景、现状与研究框架［J］．科技与经济，2015，28（6）：63 - 67.

［40］马秋君．我国科技型中小企业融资困境及解决对策探析［J］．科学管理研究，2013，31（2）：113 - 116.

［41］毛有佳，毛道维．科技创新网络与金融网络的链接机制：基于苏州科技金融实践［J］．社会科学研究，2012（5）：66 - 68.

［42］欧阳澍，陈晓红，韩文强．中小企业融资结构与企业成长：以我国中小上市公司为样本［J］．系统工程，2011，29（4）：16 - 24.

［43］彭伟，符正平．联盟网络、资源整合与高科技新创企业绩效关系研究［J］．管理科学，2015，28（3）：26 - 37.

［44］钱燕，段姝，张林郁．科技型企业的融资结构与创新效率关系：来自创业板的经验证据［J］．科技管理研究，2019，39（21）：53 - 60.

［45］乔建伟．创业板企业融资决策对企业创新绩效的影响［J］．科技进步与对策，2020，37（12）：90 - 98.

［46］任乐，李佳垚．河南省中小科技企业融资能力影响因素研究［J］．经济论坛，2020（5）：40 - 47.

［47］邵同尧．风险投资的决定：因素分析与实证检验［D］．上海财经大学博士论文，2011：129 - 147.

［48］孙斐．基于公共价值创造的网络治理绩效评价框架构建［J］．武汉大学学报（哲学社会科学版），2017，70（6）：132 - 144.

[49] 孙伍琴．金融发展促进技术创新研究 [M]．北京：科学出版社，2014．

[50] 孙早，肖利平．融资结构与企业自主创新：来自中国战略性新兴产业 A 股上市公司的经验证据 [J]．经济理论与经济管理，2016 (3)：45 – 58．

[51] 万红波，方博轩，张海洋．科技型中小企业融资存在的问题及相应对策 [J]．财务与会计，2020 (12)：65 – 66．

[52] 汪泉，史先诚．科技金融的定义、内涵与实践浅析 [J]．上海金融，2013 (9)：112 – 114，119．

[53] 王斌．基于网络结构的集群知识网络共生演化模型的实证研究 [J]．管理评论，2014，26 (9)：128 – 138．

[54] 王洪亮．直达科创企业货币政策工具创设及"几家抬"框架构建：基于双循环新发展格局下的分析 [J]．南方金融，2021 (1)：30 – 38．

[55] 王全义．我国小微企业融资问题的国际经验借鉴 [J]．行政事业资产与财务，2014 (12)：94 – 95．

[56] 王曦．国内外风险投资网络理论研究综述 [J]．科技管理研究，2009，29 (12)：311 – 313．

[57] 王雪原，王玉冬，徐玉莲．资金筹集渠道对不同生命周期高新技术企业创新绩效的影响 [J]．软科学，2017，31 (4)：47 – 51．

[58] 温桂荣，黄纪强．政府补贴对高新技术产业研发创新能力影响研究 [J]．华东经济管理，2020，34 (7)：9 – 17．

[59] 吴建刚，梁辰希．中小企业融资影响因素实证分析 [J]．会计之友，2013 (3)：64 – 67．

[60] 吴涛，赵增耀．风险投资对创业板上市公司技术创新影响的实证研究 [J]．科技创业月刊，2017 (3)：27 – 33．

[61] 吴悦平，杨宜．科技金融网络对科技型中小企业技术创新绩效的影响 [J]．科技与经济，2016，29 (3)：49 – 53．

[62] 徐宜青，曾刚，王秋玉．长三角城市群协同创新网络格局发展演变及优化策略 [J]．经济地理，2018，38 (11)：133 – 140．

［63］徐玉莲，郭思迁．黑龙江省协同创新网络演化及其空间特征研究［J］．科技与管理，2022，24（6）：24－34．

［64］徐玉莲，王宏起，汪英华等．战略性新兴产业创新生态化效果评价指标体系构建及应用［J］．科技与经济，2016，29（6）：21－25．

［65］徐玉莲，王宏起．科技金融对技术创新的支持作用：基于 Bootstrap 方法的实证分析［J］．科技进步与对策，2012，29（3）：1－4．

［66］徐玉莲，王玉冬，林艳．区域科技创新与科技金融耦合协调度评价研究［J］．科学学与科学技术管理，2011，32（12）：116－122．

［67］徐玉莲，王玉冬．区域科技创新与科技金融协同发展路径、政策及评价［M］．北京：科学出版社，2020．

［68］徐玉莲，王玉冬．创业板推出、企业融资约束与研发投入强度：基于创业板企业上市前后的数据检验［J］．软科学，2015，29（8）：53－56．

［69］徐玉莲，王玉冬．区域科技金融资金的配置效率研究［J］．科学管理研究，2015，33（2）：93－96．

［70］徐玉莲，于浪，王玉冬．区域科技创新与科技金融系统协同演化的序参量分析［J］．科技管理研究，2017，37（15）：15－20．

［71］徐玉莲，于浪．基于 CAS 的区域科技金融网络演化仿真研究［J］．科技管理研究，2020，40（3）：46－56．

［72］徐玉莲，张思琦，郭思迁．科技金融网络主体合作的演化博弈研究——基于银行、风险投资与科技企业三方分析［J］．金融理论与实践，2022（10）：26－35．

［73］徐玉莲，张思琦．科技金融网络绩效影响因素实证研究［J］．科技与管理，2020，22（5）：97－103．

［74］徐玉莲，赵文洋，王玉冬．科技型中小微企业融资效率视角的地方政府行为评估——以黑龙江省为例［J］．科技进步与对策，2017，34（15）：32－37．

［75］徐玉莲，赵文洋，张涛．科技金融成熟度评价指标体系构建与应用

［J］. 科技进步与对策, 2017, 34 (11)：118 – 124.

［76］徐玉莲. 区域财政科技经费配置过程多元化监管研究［J］. 科技与管理, 2012, 14 (4)：79 – 82.

［77］徐泽水. 模糊互补判断矩阵排序的一种算法［J］. 系统工程学报, 2001, 16 (4)：311 – 314.

［78］薛捷. SNA 视角下的知识网络研究现状梳理与未来研究展望［J］. 情报学报, 2015, 34 (3)：324 – 336.

［79］杨大楷, 李丹丹. 政府支持对中国风险投资业影响的实证研究［J］. 山西财经大学学报, 2012, 34 (5)：52 – 60.

［80］杨帆, 王满仓. 融资结构、信息技术与创新能力：数理分析与实证检验［J］. 中国科技论坛, 2021 (1)：73 – 83, 94.

［81］杨敏利, 李昕芳, 仵永恒. 政府创业投资引导基金的引导效应研究［J］. 科研管理, 2014, 35 (11)：8 – 16.

［82］杨云峰, 樊丰. 我国科技型中小企业融资困境及其对策研究［J］. 科学管理研究, 2013, 31 (2)：94 – 97.

［83］叶莉, 朱煜晟, 沈悦. 科技型小微企业融资模式创新：泛融资模式的构建［J］. 科技管理研究, 2020, 40 (6)：252 – 257.

［84］尹亭, 王学武. 全球科创中心建设视角下的知识产权质押贷款：一个类政策传导工具的解释框架［J］. 现代管理科学, 2016 (11)：57 – 59.

［85］于浪. 区域科技金融网络升级的政策作用机理与仿真研究［D］. 哈尔滨：哈尔滨理工大学, 2019.

［86］张斌, 李亚婷. 知识网络演化模型研究述评［J］. 中国图书馆学报, 2016, 42 (5)：85 – 101.

［87］张红娟, 谭劲松. 联盟网络与企业创新绩效：跨层次分析［J］. 管理世界, 2014 (3)：163 – 169.

［88］张玉喜, 赵丽丽. 中国科技金融投入对科技创新的作用效果——基于静态和动态面板数据模型的实证研究［J］. 科学学研究, 2015, 33

（2）：177－184，214.

[89] 赵昌文，陈春发. 科技金融 [M]. 北京：科学出版社，2009：24－27.

[90] 赵文洋，徐玉莲，于浪. 科技金融结构对区域科技创新效率的影响
[J]. 科技管理研究，2017，37（21）：22－28.

[91] 赵玉平，孟繁博，马一菲. 政府支持、融资约束与科技型中小企业成
长：以天津市西青区为例 [J]. 经营与管理，2020（6）：41－46.

[92] 周灿，曹贤忠，曾刚. 中国电子信息产业创新的集群网络模式与演化
路径 [J]. 地理研究，2019，38（9）：2212－2225.

[93] 周育红，宋光辉. 中国创业投资网络的动态演进实证 [J]. 系统工程理
论与实践，2014，34（11）：2748－2759.

[94] 朱泯静. 开发性金融缓解民营企业融资困境研究 [J]. 人民论坛·学术
前沿，2019（12）：120－123.

[95] 朱明君. 科技型中小企业融资影响因素研究 [J]. 新金融，2017（6）：
30－35.

[96] 朱平芳，徐伟民. 政府的科技激励政策对大中型工业企业 R&D 投入及
其专利产出的影响——上海市的实证研究 [J]. 经济研究，2003（6）：
45－53，94.

[97] 朱治理，温军，赵建兵. 政府研发补贴、社会投资跟进与企业创新融
资 [J]. 经济经纬，2016，33（1）：114－119.

（二）英文主要参考文献

[1] Abbasi K, Alam A, Brohi N A, et al. P2P Lending Fintechs and SMEs' Access to Finance [J]. Economics Letters, 2021, 204：109890.

[2] Aleenajitpong N, Leemakdej A. Venture Capital Networks in Southeast Asia：Network Characteristics and Cohesive Subgroups [J]. International Review of Financial Analysis, 2021（76）：101752.

[3] Alipour M, Mohammadi M F S, Derakhshan H. Determinants of Capital Structure：An Empirical Study of Firms in Iran [J]. International Journal of

Law and Management, 2015, 57（1）: 53 – 83.

[4] Anderson A R, Dodd S D, Jack S. Network Practices and Entrepreneurial growth [J]. Scandinavian Journal of Management, 2010, 26（2）: 121 – 133.

[5] Bartoloni. Capital Structure and Innovation: Causality and Determinants [J]. Empirica, 2013, 40（1）: 111 – 151.

[6] Beckmann M J. Economic Models of Knowledge Networks [J]. Networks in Action, 1995（3）: 159 – 174.

[7] Behrens K, Thisse J F. Regional Economics: A New Economic Geography Perspective [J]. Regional Science and Urban Economics, 2007, 37（4）: 457 – 465.

[8] Benfratello L, Schiantarelli F, Sem-Benelli A. Banks and Innovation: Micro Econometric Evidence on Italian Firms [J]. Journal of Financial Economics, 2008, 90（2）: 197 – 217.

[9] Benjamin L, Rubin J S, Zielenbach S. Community Development Financial Institutions: Current Issues and Future Prospects [J]. Journal of Urban Affairs, 2004, 26（2）: 177 – 195.

[10] Borrás S, Edquist C. The Choice of Innovation Policy Instruments [J]. Technological Forecasting and Social Change, 2013, 80（8）: 1513 – 1522.

[11] Boschma R, Frenken K. The Spatial Evolution of Innovation Networks: A Proximity Perspective [J]. The Handbook of Evolutionary Economic Geography, 2010: 120 – 135.

[12] Brander J A, Amit R, Antweiler W. Venture-Capital Syndication: Improved Venture Selection vs. The Value-Added Hypothesis [J]. Journal of Economics & Management Strategy, 2010, 11（3）: 423 – 452.

[13] Brown J R, Martinsson G, Petersen B C. Do Financing Constraints Matter for R&D? [J]. Social Science Electronic Publishing, 2012, 56（8）:

1512 – 1529.

[14] Chaminade C, Plechero M. Do Regions Make a Difference? Regional Innovation Systems and Global Innovation Networks in the ICT Industry [J]. European Planning Studies, 2015, 23 (2): 215 – 237.

[15] Conti A. Entrepreneurial Finance and the Effects of Restrictions on Government R&D Subsidies [J]. Organization Science, 2018, 29 (1): 134 – 153.

[16] Dimov D, Milanov H. The Interplay of Need and Opportunity in Venture Capital Investment Syndication [J]. Journal of Business Venturing, 2010, 25 (4): 331 – 348.

[17] Dirk C, Hanna H. R&D Investment and Financing Constraints of Small and Medium-sized Firms [J]. Small Business Economics, 2011, 36 (1): 65 – 83.

[18] Fadil N, St-Pierre J. Growing SMEs and Internal Financing: The Role of Business Practices [J]. Journal of Small Business and Enterprise Development, 2021, 28 (7): 973 – 994.

[19] Freeman C. Networks of Innovators: A Synthesis of Research Issues [J]. Research Policy, 1991, 20 (5): 499 – 514.

[20] George G, Prabhu G N. Developmental Financial Institutions as Catalysts of Entrepreneurship in Emerging Economies [J]. Academy of Management Review, 2000, 25 (3): 620 – 629.

[21] Geyer R, Rihani S. Complexity and Public Policy: A New Approach to 21st Century Politics, Policy and Society [M]. New York: Routledge, 2012.

[22] Gilsing V A, Lemmens C E A V, Duysters G. Strategic Alliance Networks and Innovation: A Deterministic and Voluntaristic View Combined [J]. Technology Analysis & Strategic Management, 2007, 19 (2): 227 – 249.

[23] Godke Veiga M, Mccahery J A. The Financing of Small and Medium-sized Enterprises: An Analysis of the Financing Gap in Brazil [J]. European

Business Organization Law Review, 2019, 20: 633 – 664.

[24] Grilli L, Murtinu S. Government, Venture Capital and the Growth of European High-tech Entrepreneurial Firms [J]. Research Policy, 2014, 43 (9): 1523 – 1543.

[25] Hall B H, Lerner J. The Financing of R&D and Innovation [J]. Handbook of the Economics of Innovation, 2010, 1: 609 – 639.

[26] Hall B H. The Financing of Research and Development [J]. Oxford Review of Economic Policy, 2002, 18 (1): 35 – 51.

[27] Han, P. Analysis on Financing Difficulties of Small and Medium-sized Enterprises in China and Corresponding Countermeasures [J]. International Journal of Humanities and Social Science, 2013, 3 (15): 300 – 305.

[28] Hellmann T, Puri M. The Interaction between Product Market and Financing Strategy: The Role of Venture Capital [J]. The Review of Financial Studies, 2000, 13 (4): 959 – 984.

[29] Hofman E, Halman J I M, Song M. When to Use Loose or Tight Alliance Networks for Innovation? Empirical Evidence [J]. Journal of Product Innovation Management, 2017, 34 (1): 81 – 100.

[30] Holland J H, Sigmund K. Hidden Order: How Adaptation Builds Complexity [J]. Nature, 1995, 378 (6556): 453 – 453.

[31] Kerr W R, Nanda R. Financing Innovation [J]. Annual Review of Financial Economics, 2015, 7: 445 – 462.

[32] King R G, Levine R. Finance and Growth: Schumpeter Might be Right [J]. The Quarterly Journal of Economics, 1993, 108 (3): 717 – 737.

[33] Kleer R. Government R&D Subsidies as a Signal for Private Investors [J]. Research Policy, 2010, 39 (10): 1361 – 1374.

[34] Knockaert M, Vanacker T. The Association Between Venture Capitalists' Selection and Value Adding Behavior: Evidence from Early Stage High Tech Venture Capitalists [J]. Small Business Economics, 2013, 40 (3): 493 –

509.

［35］Lee H S. Peer Networks in Venture Capital ［J］. Journal of Empirical Finance, 2017, 41: 19 – 30.

［36］Lee Y, Cavusgil S T. Enhancing Alliance Performance: The Effects of Contractual-based Versus Relational Based Governance ［J］. Journal of Business Research, 2006, 59 (8): 896 – 905.

［37］Lerner J. The Syndication of Venture Capital Investments ［J］. Financial Management, 1994, 23 (3): 16 – 27.

［38］Levine R. Finance and Growth: Theory and Evidence ［M］. Social Science Electronic Publishing, 2004, 1 (5): 37 – 40.

［39］Maggi E, Vallino E. Understanding Urban Mobility and the Impact of Public Policies: The Role of the Agent-based Models ［J］. Research in Transportation Economics, 2016, 55: 50 – 59.

［40］Mollick E. The Dynamics of Crowd Funding: An Exploratory Study ［J］. Journal of Business Venturing, 2014, 29 (1): 1 – 16.

［41］Murinde V, Kariisa K J. The Financial Performance of the East African Development Bank: A Retrospective Analysis ［J］. Accounting, Business & Financial History, 1997, 7 (1): 81 – 104.

［42］Owen R, Mason C. Emerging Trends in Government Venture Capital Policies in Smaller Peripheral Economies: Lessons from Finland, New Zealand, and Estonia ［J］. Strategic Change, 2019, 28 (1): 83 – 93.

［43］Parida V, Örtqvist D. Interactive Effects of Network Capability, ICT Capability, and Financial Slack on Technology-Based Small Firm Innovation Performance ［J］. Journal of Small Business Management, 2015, 53: 278 – 298.

［44］Phelps C, Heidl R, Wadhwa A. Knowledge, Networks, and Knowledge Networks: A Review and Research Agenda ［J］. Journal of Management, 2012, 38 (4): 1115 – 1166.

[45] Pyke F, Becattini G, Sengenberger W. Industrial Districts and Inter-firm Cooperation in Italy [M]. Geneva: International Institute for Labor Studies, 1990.

[46] Ryan R M, O'Toole C, Mccann F. Dose Bank Market Power Affect SME Financing Constraints [J]. Journal of Banking and Finance, 2009, 49 (11): 495 –505.

[47] Saint-Paul G. Technological Choice, Financial Markets and Economic Development [J]. European Economic Review, 1992, 36 (4): 763 –781.

[48] Scnwartz M, Hornych C. Cooperation Patterns of Incubator Firm Sand the Impact of Incubator Specialization: Empirical Evidence from Germany [J]. Technovation, 2010, 30 (9): 485 –495.

[49] Secundo G, Toma A, Schiuma G, et al. Knowledge Transfer in Open Innovation: A Classification Framework for Healthcare Ecosystems [J]. Business Process Management Journal, 2019, 25 (1): 144 –163.

[50] Seufert A, Von Krogh G, Bach A. Towards Knowledge Networking [J]. Journal of Knowledge Management, 1999, 3 (3): 180 –190.

[51] Yoshino N, Farhad T H. Analytical Framework on Credit Risks for Financing Small and Medium-sized Enterprises in Asia [J]. Asia-Pacific Development Journal, 2014, 21 (2): 1 –21.